紀寶如·口述
魏棻卿·撰述

愛，逆轉勝

唯有愛，能帶來療癒和改變！

把殘破的生命，轉化為璀璨的寶石；
把對自己的恨，轉化為給大家的愛；
把對命運的不甘和咒詛，轉化為寬恕與祝福的花朵。
只要你願意，人生的千重苦，也能化為甜美動人的幸福滋味。

目錄

採訪後記

推薦序

走過憂患，進入光明

合一教會主任牧師　朱奔野

寶如，一個我所愛的姐妹，個性真誠率性，凡事憑靈而行，充滿愛心又富行動力！從黃馬琍長老（喜悅集團董事長）帶她信主受洗到如今，她的生命大大翻轉，以前凡事困頓不順、沒有盼望，到如今全心投身公益、造福人群。一百四十九公分的身高看不見那份偉大，但是用屬靈的眼睛，我們看到的卻是一位巨人，伸出大手呵護照顧上千的老人與小孩。

因著寶如個人生命的經歷與感動，上帝帶領她建立「台灣優質生命協會」，帶著藝人們去關懷孤苦老人。這群少有歡樂的社會邊緣人，因著寶如踏入他們的生命，開始有著喜樂盼望和期待。台灣的藝人甚多，偶有關懷公益行為，但是持續性的四年來不斷投入，而且還在擴大服務老人（老人裝一萬顆假牙……），寶如的堅持所為，實在少見。

綜看寶如一生至今，好日子沒過幾天，一輩子為他人而活，自己簡約度日仍然活得困頓。離家嫁夫已是心碎，生兒殘疾雪上加霜，事業不順，先生外遇離婚，爾後又在火海中逝去，面對長輩們指責，內心悲苦之情苦不堪言，屢次尋求結束生命而不能。

在世人眼裡無望無助的慘狀中，她遇見黃馬琍長老帶領她信了耶穌，從此遇見「貴人——耶穌」，得到一生從未享受過的天父的愛。她開始活得有信心、有價值、有盼望，不再被環境、人事影響，堅信天父上帝必引領她一生。如今她活得像小巨人，一雙強有力的臂膀幫助成千上萬的老人小孩。身為她的牧師與好友，親自看著她、陪著她走過憂患進入光明，心中讚嘆唯有上帝才有此傑作！

長子余彥樟也在教會中健康成長，有正當職業，主日身著西裝聚會超有型！哈利路亞！我們不需看到天邊閃電天搖地動叫做神蹟，寶如一生至今已是神蹟。在她下半生，上帝更要大大使用她幫助眾多需要的人。

誠盼閱完本書的你，也能加入寶如的行列，「老吾老以及人之老，幼吾幼以及人之幼」，讓台灣乃至華人社會邊緣的老人小孩，都能有著一份真誠的關懷，用愛心帶領他們走向光明，讓他們活得有價值、有尊嚴。熱誠歡迎您的加入，來，就明白了！阿們。

推薦序

永遠的弟媳

前立法委員　余天

我認識寶如非常久了。我還記得每次同台演出，只要她出現的地方，身旁都一定會跟著阿嬤。寶如的阿嬤看起來很貴氣，人也很親切，常常會主動跟我們打招呼，可能是因為年紀差距的關係，當時我和寶如很少講話，反而是跟她的阿嬤互動比較多。

在我眼中，寶如始終像個小孩，即便到了現在，我還是把她當成小孩。她和余龍交往，讓我非常驚訝，當時我完全不知道他們在一起，直到有天，我爸要我帶著余龍到寶如家提親，我才知道這件事。

寶如嫁到余家，成為我的弟媳之後，我因為工作忙碌，沒什麼時間了解她和余龍之間發生什麼事情。後來，兩人感情生變，余龍跑去ＫＴＶ喝悶酒，發生了不幸……，這件事情一直讓我覺得蠻遺憾的，因為我總會想，如果當初能夠多關心他們夫妻之間的情況，也許悲劇就不會發生。

我覺得夫妻會分開，兩個人一定都有錯，不能全怪寶如，所以即使余龍已經過世了，在我心目中，還是一直把她當成我的弟媳。看到她藉由信仰的力量，生命出現這麼大的轉變，我真的很替她高興。寶如對我也是一直以大伯相稱，二〇〇七年我參選立委的時候，寶如雖然腳踝受傷，還是一拐一拐到處幫我拜票，讓我很感動。

回想人生這一路走來，我內心最大的感觸就是，人真的要懂得把握當下，無論得時不得時都要謙卑，尤其是在高處的時候，更要懂得內斂。

每個人都有年輕不懂事的時候，透過這本書，我也看到寶如對於自我生命的檢視和反省，並從中找到更積極向上的力量，真的很棒！在此，我也要祝福寶如，希望她每天都過得快快樂樂，活出精采的每一天。我也要對寶如說：「寶如，有什麼需要，我一定幫到底，因為妳永遠是我的弟媳！」

推薦序

老吾老以及人之老

知名導演 李行

如同外界對寶如的印象一般，第一次看到她的時候，我就覺得這個小童星個頭小小的，長得好可愛。

當時，我的公司出品一部電影《近水樓台》，男主角是鄧光榮，女主角是林鳳嬌，寶如則是飾演鄧光榮的妹妹。那部戲不是我導演，是我的副導演李融之的處女作，他一直稱讚寶如這個孩子實在是太可愛了，很機靈，一點都不會怯場，演起戲來非常生動自然。

對一個演員來說，最重要的就是眼神的表達。寶如有一雙水汪汪的大眼睛，看起來很有靈性和智慧，讓人實在看不出來，原來她有這麼一段坎坷的身世。但如今想來，也正因為那樣的童年遭遇，才會促成她步上童星這條路，讓她的演戲天份得以發揮。

看了書之後，我才知道，寶如嫁給余龍之後，還歷經了一連串的生命波折，命運起起伏伏，讓我看了很心疼。而且，以她曾經是個紅極一時的藝人，後來還能放下身段去從事殯葬服務業（擔任公關副總），真是拿得起放得下。

寶如在台灣仁本工作的時候，多少也有一點業務上的壓力，但她的行事作風卻很有原則。朱延平導演曾經跟我講過一件事，幾前年他的媽媽過世時，他正在對岸宣傳，一時趕不回來。當時，台灣仁本已經開始協助朱媽媽的後事，朱延平回到台灣後很緊張，因為朱媽媽之前已經有購買另一家的生前契約了。得知這件事，寶如就主動表示台灣仁本願意放棄這個案子，這一點讓朱延平導演很感激。

後來，寶如成立協會，關懷對象不只是演藝圈的藝人，她還秉持著「老吾老以及人之老，幼吾幼以及人之幼」的精神，為很多的社會弱勢族群爭取福利，像是最近的「一萬顆微笑」活動，免費幫老人家裝假牙，真的很令人欽佩。尤其是我自己現在也八十二歲了，看到她為老人家做的這些事，感動特別深。

二〇一〇年七月，台灣優質生命協會在新莊小巨蛋舉辦「愛傳承關懷演唱會」，我也受邀參加。當我看到許多弱勢朋友因為協會安排的關係，才得以來觀賞演唱會，簡靜惠還帶著自閉症兒子李柏毅（現為旅美畫家）上台分享心路歷程，這一幕幕，都讓坐在台下的我，忍不住跟著掉眼淚。

寶如目前在做的事情，以及過往她面對苦難的態度，都相當令人佩服。希望藉由本書的出版，能夠喚起更多社會大眾一起關懷弱勢，勇敢面對自己的生命！

推薦序

沒有絕境，只有絕望

每一個女人都應該讀一讀紀寶如的故事。
所有女人一生中最怕碰到的事，寶如每件都遇上了。
世界上沒有絕境，只有絕望的人。
像寶如這樣一生渴望被愛的女人，
竟然在遭遇如此坎坷命運之後，
還能對一群不認識的老人，付出無私的愛。
嗯……看來我以後要對寶如，更好一點！

知名廣告人　范可欽

推薦序

寶如加油！阿爸以妳為榮！

最愛的阿爸 紀忠榮

寶如剛出生的時候，我都忙著在做生意。當時我媽媽的觀念比較傳統，說龍鳳胎不能一起養，所以寶如就先給外婆養。

我的媽媽是人家俗稱的「大戲箱」，很喜歡看歌仔戲，內心最大的夢想就是紀家有人可以成為明星。當時，寶如長得可愛、反應又機靈，一去試鏡就得到製作人的青睞，五、六歲開始到台視去演戲之後，就換我媽媽在照顧她。

雖然她從外婆家被帶回來了，我們父女倆還是很少互動，都是從電視上看到她比較多，知道這個女兒很會演戲，後來還轉型當歌手，到處作秀，錄過四、五張唱片專輯。當時我最擔心的不是她的演藝事業，而是她很少去上學，上課有一天沒一天的情況下，她連最基本的注音符號都還不太懂。

十七、八歲時，她認識了余龍，當時他們的事真的讓我很生氣。我會反對是因為她還太年輕，而且那時候正當紅，我爸媽都帶著她到東南亞去作秀演出，事業最輝煌的時候，忽然一下子說要結婚，而且還懷孕了，家人當然無法接受。

我記得很清楚，那時候我還重重打了她一巴掌，但講什麼她已經都聽不進去了。後來想一想，也對啦！連我爸媽都沒有辦法阻止她，我這個幾乎沒參與她生命的爸爸，怎麼可能說得動她呢？雖然我也曾氣得要和她斷絕父女關係，但畢竟還是自己的女兒，加上生米都已經煮成熟飯，後來她把孩子帶回來，我們還是一樣幫忙照顧。

有些苦，我們就無法替她來承擔了。像是那時候她在酒店工作，很多人都是看她的面子來的，所以多少要陪人家喝一下酒，但沒想到喝著喝著，她就開始酗酒了，每天喝得醉醺醺，一回到家就開始發酒瘋。但，她也曾經抱著我哭訴一些店裡發生的事情，像是被客人欺負，不然就是財務問題，當時看她這樣子真的很心痛，後來因為信主的關係，她才慢慢脫離這一行。

黃馬琍是她這一生很重要的貴人。寶如跟著她信主之後，改變真的很大，整個人像脫胎換骨一樣，徹底重生。

我們父女之間的關係也改善很多。可能是我看起來比較嚴肅的關係，以前我的職員或子女跟我講話都會發抖，也很少跟我講貼心的話；現在年紀也比較大了，看起來隨和一點，孩子都會跟我說心事。尤其是寶如，信主之後常常會打電話跟我分享說：「阿爸我今天發生什麼事……」聊著聊著，我們的感情也越來越好。

她現在為了優質生命協會勞心勞力，我都會給一些善意的建議。我常跟她說，做公益絕對不能有私心或偏心，很多企業主會捐錢給協會，並不會因為妳是紀寶如，而是你們所做的一切感動了他們。不論是企業主、政府機構、還是義工，只要看到協會真的在做事，就會集結在一起來幫助協會成長，讓社會處處充滿愛。

寶如加油！阿爸以妳為榮！

推薦序

令人敬佩的小女子

終身義工　孫越

從前，一談到紀寶如，我都會告訴人家，紀寶如啊，我太熟了，從她當童星的時候，我就跟她在一起拍戲。但，自從在媒體得知寶如經歷過這麼多事情，我才發現自己對她一點都不了解。外界眼中的童星光環，原來只是一種表相，背後有好多好多事情是我們所不知道的。她經歷的這些事情，真的讓我們感覺到心裡好難過、很心痛。

在她十七、八歲的時候，好不容易有機會自由談戀愛，結婚十多年後，卻又經歷丈夫余龍的去世，帶著孩子過起單親生活，但因為自己心裡頭還是有很多的不甘心，所以又開始每天酗酒、鬧自殺……。這樣來看，連寶如自己都覺得沒希望了。

但是上帝定意要拯救每一個人，無論你在任何困難中、任何痛苦中，甚至是任何一個迷亂之中，祂都會把你拯救出來。並且如同寶如一樣，因著她願意接受主，生命就完全改變了。我覺得我們一生當中，無論是早是晚，只要你知道有這一位主在愛我們，而我們也願意去接受的時候，有好多事情將是你意想不到的，而且還會得到那份滿足、平安和喜樂。

親愛的朋友，也許你曾經是寶如的忠實粉絲，也或許你並不認識她。但是你看到了這樣的一位女子，她的生命改變如此之大，一直到現在，她依舊持續蒙福，這是多棒的一件事啊！我更肯定寶如這幾年來所行的一切社會公義，像是對藝人的照顧，以及對福音傳播不遺餘力，她是我敬佩的基督徒！

推薦序

付出帶來祝福

更生團契總幹事　黃明鎮牧師

從一位閃閃發亮的童星，到後來變成公益的推動者，走的路線像孫越叔叔一樣，心中只有別人的福祉，少有看到自己的付出和損失。這些都是受基督十字架的精神感召，才能在這多變的世代中，仍然堅強地為別人而活！

認識寶如姐妹已經好幾年了。她的先生余龍在神話ＫＴＶ因醉漢湯銘雄縱火而逝世，當時，我們只知道其中的受害者家屬杜花明老師一家人原諒了湯銘雄。在台北看守所，經更生團契輔導幾年後，湯銘雄悔改信了基督。

湯銘雄執行槍決前，我們試著聯絡其餘的十五位受害者家屬，包括寶如姐妹在內，卻都沒辦法聯絡上。直到有一年的聖誕節期，才在三重的大型慶祝聚會中碰到寶如和她的公公，也就是余龍的父親。會中，他老人家因受主愛的感動決志信主，因著愛，他選擇原諒湯銘雄的犯行，自己禁錮多年的心靈，也完全得到了釋放。

這幾年，寶如常去監獄辦活動關懷受刑人，幾乎也成了更生團契的志工，近幾年更積極推動優質生命協會的事工，深覺她的熱心是出自基督的大愛。要不然，像她這麼一個痛失心愛的丈夫，心情跌到谷底，連救自己都有困難的人，怎麼有能力去幫助別人呢？由此可見，確實是基督的愛大有能力，唯有神的愛能改變一切。

但願讀者在閱讀本書之餘，能多參與寶如姐妹的工作，或許整個社會能因此多一些人投入努力，掀起一股愛的熱潮，使軟弱變剛強，心靈貧窮變富足，每個百姓都得到神的祝福。

推薦序

她是我的羊

喜悅集團董事長　黃馬琍

第一次見到寶如和狄鶯，我就感覺她們身上散發著一股悲傷，所以開始正式談話之前，我就先對她們說：「頭低下來，我們先來禱告。」

很奇妙！禱告完之後，寶如和狄鶯兩個人都哭得很激動。尤其是寶如，可以感覺得出來已經不是她在哭，而是她內心的 **Inner Child**（內在小孩）在哭，也就是在那個時候，她被神觸摸，之後就定期到教會，並受洗成為基督徒。

在教會聽到寶如分享見證，我才知道她之前的生命有多麼不堪。她所承受的那種痛，真的不是一般人所能忍受，尤其當時還沒有在主裡，生命毫無依靠的情況下，相信不管是誰都很難撐下去。由此也不難理解，有長達十二年的時間，她每天酗酒、自殺，導致生命整個變了調。

神在寶如身上動了很大的工，讓她的生命大大翻轉。神的愛也成了我和寶如之間一種很美的連結，我每次靠近她，都會有一種莫名的感動，彼此相處也特別地自然真誠，完全沒有距離。

其實早在第一次見面之前，我就已經知道寶如這個人。印象中，她就是個很討人喜歡的小童星，好像天生就是要做童星，根本不需要什麼演員訓練班，自然就能把戲演得很好，其實這就是上帝給的恩賜。

每個人身上都有上帝給的禮物（恩賜），有的人是口才好，有的人是腦筋好，有的人則是歌喉好。寶如的禮物就是特別會演戲，站在舞台上的她，總是會散發著一種感染力。從她的成長過程中也可以看到，神一直都在默默帶領著她。

事實上，神早就在培養寶如成為一個傳揚福音的人，而真正的福音，就是愛。

讓我很佩服的是，寶如不只自己的生命改變了，還在三年前成立優質生命協會，關懷一些獨居老人和智能障礙的孩子。曾經有一次，我看到她和智能障礙的孩子在講話，感覺就像對待自己的孩子一樣，她會哄他們說要乖啊，等一下給你們什麼，所以現在要先怎麼樣之類的。過程中所展現的溫柔和耐心，讓我非常感動，試想，若是她心中沒有愛，怎麼可能辦得到？看到她在做這些事情，我都感到與有榮焉，而且她是我的羊（意指帶領她信主），所以我常跟她開玩笑說：「妳的額度會算在我身上喔！」

現在的寶如，生命難免還是會遇到難處，但因為有神同在，讓她總是充滿盼望，協會也越來越得到外界的肯定和支持。相信未來的她，在神的持續帶領下，一定會散播出更多的愛和恩典。

前言

最難演的一齣戲，就是自己的一生

人生如戲。我這輩子拍過的戲，不可勝數；但真實人生這部戲，堪稱是我這輩子拍過最曲折也是最奇妙的一部戲。演得好不好？我不知道。以往在螢光幕前表演，聽觀眾的掌聲我就知道演得好不好；但回歸真實人生，沒有人可以給你答案，所以我只聽上帝的掌聲。這輩子只要有祂的掌聲，就比拿到奧斯卡獎更令人無憾了！

聖經上，摩西開紅海的神蹟，我沒看過。但在我的人生中，卻真實經歷了好幾次的神蹟，部分已記載在書中和大家分享。神蹟不是過去式，現在正加長放映中，而且我堅信，未來還會有更多的神蹟發生。

在這裡，我要特別感謝那些曾經出現在我生命中的貴人。當時因為年紀小，來不及感謝也不懂得感恩，加上性格偏差，我得罪了人，更虧欠了神；生命翻轉後的我，期盼未來能有認罪補償的機會，成為一個榮神益人的紀寶如。

對於最愛的家人和好朋友，我又該如何彌補以前的虧欠呢？對一個每天只想跟人求愛、拜託愛、搶愛的人來說，要主動去付出愛真的很難，以至於在過去的關係中經常造成傷害；直到神的愛滿滿地餵飽我，甚至是滿溢出來，才讓我有能力將愛給出去，以往破裂的關係也才得以一一修補。

把愛傳出去的過程中，也讓我深刻體會到，施比受更有福。

在演藝圈的好朋友們，有的是看我長大，有的和我一起長大，有些則是我看著長大成名的。我們若是能在愛中彼此扶持，不僅傳承演藝生命，也能將孫越叔叔的志工生命傳承下去。想想，那將是何等的美事一樁！何等優質的生命啊！

我也要感謝所有透過金錢奉獻，或是投身志工行列來幫助「台灣優質生命協會」的朋友們，謝謝第一、二屆理監事、徐風榮譽理事長、洪榮宏理事長、巴戈哥、向娃姐、松義哥等資深藝人的默默付出，以及磐石製作老闆林宏修長老、合一教會的朱奔野牧師、論壇報社長鄭忠信、亞洲電台總裁郭紀鳳珠（我的姑姑）。協會成立三年多來，雖然經常感覺自己是在黑暗中行走，卻也清楚知道是朝向光明中前進，內心就無所畏懼。

回到本書的出版。儘管書中談到的很多事情早已事過境遷，但人心終究是肉做的，在接受訪談的過程當中，回想到某些生命片段，傷口仍舊隱隱作痛。甚至，有些事情在當時因為年紀小，不知道要痛，如今憶起才感覺到痛。但奇妙的是，藉由重新去回憶這些痛，也讓我再度得到和學到一些事。

為什麼我願意分享自己的痛和不堪？因為我在想，如果能藉由自己的生命激勵到一些單親的家長、一些失去親人的家屬、一些沒有盼望的人、一些家裡有精神障礙孩子的母親、一些酒精中毒不知道該怎麼改的人，以及一些家庭環境不好的人……，如果這本書能夠觸動到這些人，幫上一點忙，我就心滿意足了。

我的例子也證明了，無論再怎麼不堪的人，只要有一顆願意的心，還是有機會重生，活出人生真正的使命和價值。如果你看完書有所感動，也歡迎加入台灣優質生命協會志工的行列。唯有把感動化為行動，才會真的活出屬於自己的優質生命。

回首過去五十年來，我像是一顆破碎的玻璃珠，但上帝看我卻是顆閃閃發光的鑽石。未來有一天，我要告訴天父阿爸，在世上我連ㄅㄆㄇㄈ都不會，但在天上我會交出一張漂亮成績單，獻給祢。

二〇一一年十一月寫於苗栗禱告山

第一幕

麻雀變鳳凰

十三、四歲之後，無法繼續當童星，寶如開始轉型當歌手，除了出唱片之外，
還唱遍各大秀場，唱作俱佳的演出，相當受到歡迎。圖為寶如十六、七歲在秀場演出時的情景。

記憶中的人生第一幕鏡頭，是在台北艋舺（現今的萬華區）的巷子裡。

一個身穿旗袍、身形婀娜的女子，從遠處緩緩走來，不時還東張西望，像是怕被人瞧見似的。走到大肥嬤（台語）面前，那名年約二十多歲的女子迅速將錢塞給大肥嬤，轉身摸摸我的頭，就匆忙離開，徒留一堆問號在我的小小腦袋裡。

「大肥嬤，那是誰啊？」有幾次，我曾試著開口問，卻始終得不到明確答案。

後來我才知道，那個妙齡女子是我的媽媽，怪的是，我卻只能叫她「阿姨」；我也有好幾個兄弟姊妹，但因為不曾同住一個屋簷下，我和他們之間的關係，陌生得像是生活中擦身而過的路人。

從有記憶開始，我就是跟外婆，也就是「大肥嬤」一起生活。從稱謂就不難想像大肥嬤的身材，矮矮胖胖的她，瞇瞇眼，一頭短髮，說起話來嗓門非常大，經常露出整排銀色的假牙。

和繁華的艋舺比起來，我和大肥嬤住的三重，簡直像是落後邊境。我們住的地方是分租來的，一樓店面住著一戶人家，我和大肥嬤住在閣樓，兩、三坪的空間裡只有一些簡單的家具，連張床都沒有，只能睡在冷冰冰的地板上。

外公過世得早，我和大肥嬤相依為命。四、五歲時我就得開始幫忙燒柴煮飯，當時沒有瓦斯，我都是用火柴先將報紙點燃，再丟進去煤炭裡面，所以要一直搧、一直搧，每次起一個火都要起很久。

燒柴煮飯和燒洗澡水，是我每天最常做的兩件事，所以我對自己小時候的印象就是一直在燒柴。我還記得有一次，要把鍋子端起來的時候，突然被燙個正著，一失手把整鍋飯都打翻了，大肥嬤發現了，拿起藤條就是一陣毒打。

還記得當時的我，強忍著痛，內心卻不停地哭喊：「媽媽，妳在哪裡？」

身世破碎，像一張不完整的拼圖

從小，我就很懂得看臉色。從大肥嬤的心情好壞，我就知道那一天好不好過。大肥嬤喜歡賭博，只要她哼著歌走進家門，我就知道她今天手氣好，贏了不少錢，這時大肥嬤就會掏錢給我，說：「來，這些錢拿去附近的雜貨店買米酒，回來時順便買兩隻雞腿。」

接過錢後，我邊走邊跳地往巷子口的雜貨店奔去。若要問我，和大肥嬤一起生活最快樂的記憶是什麼？大概就是這個時候吧！在那個餐桌上幾乎都只有白米飯配菜脯的日子，一隻雞腿是極奢侈的享受。

寶如五歲半，準備踏入演藝圈，為了增加機會，到相館拍藝術照給電視台。

大肥嬤若是輸了錢，回到家還是一樣會要我去雜貨店買米酒，至於雞腿，想都別想，沒挨打就算不錯了！因為大肥嬤喝醉了之後，不是把我痛打一頓，就是罵說為什麼要帶我這個掃把星，三不五時還會夾雜許多不堪入耳的髒話。賭博這種事通常都是「十賭九輸」，就不難想見我是樂少苦多了！

長大後我常回想，大肥嬤的憤世嫉俗，大概是和她坎坷的命運有關。大肥嬤結婚後一直膝下無子，好不容易抱來了一個養女，也就是我的媽媽，沒多久就碰到丈夫過世。大肥嬤獨自一人將我的媽媽帶大，沒想到在我媽十八歲那一年，她就當了我爸爸的小老婆。

也因此，每次喝醉酒，大肥嬤會當著我的面咒罵說：「養妳媽媽沒用啦！嫁給人家當小老婆，還把妳丟給我照顧……」

大肥嬤無情的話和喜怒無常的生活，是我破碎身世的第一塊拼圖。

為什麼我要叫自己的媽媽為「阿姨」？為什麼其他兄弟姊妹都可以和爸媽同住，唯獨我被丟給大肥嬤照顧……？一連串的疑問，慢慢在我幼小的心靈浮現。

被迫送離紀家，像個沒人要的孩子

不幸的命運，只因為我是龍鳳胎。

媽媽進到紀家之後，就懷了龍鳳胎。以現代人的眼光來看，龍鳳胎如同雙喜臨門，理應大肆慶祝一番的；但半世紀前的台灣，民風保守，家有龍鳳胎簡直是一種惡運的咒詛。

當時的人認為，龍鳳胎和雙胞胎都不能一起養，不然會養不活，也對紀家不好。在阿嬤（我爸爸的媽媽）的堅持下，媽媽只能把一個孩子留在身邊養，至於要選哪一個孩子呢？當然就是我的哥哥，而我，便成了重男輕女下的犧牲品。

我，像是個沒人要的孩子。明明出生在紀家，卻跟著媽媽姓黃，叫做黃寶如。

生育我的媽媽，把我丟給後頭厝給大肥嬤照顧；養育我的大肥嬤，則是待我有如童養媳。相較之下，我的哥哥、妹妹和弟弟就幸福多了，不僅有父愛和母愛的滋養，還過著衣食無缺的日子。當他們有新衣服穿，還有玩具可以玩的時候，我卻只能穿人家不要的衣服，而且還不只是二手衣，算是四、五手衣了吧？那時候我還經常沒穿上衣，只有穿一件褲子，褲子還是男生的，冬天就穿人家不要的破大衣，當時也沒鞋穿，經常光著腳跑來跑去。

每次和大肥嬤經過紀家的時候，大肥嬤都會刻意低頭加快腳步通過，我卻總是忍不住回頭多望幾眼，心想，為什麼一樣是紀家的孩子，我卻無法光明正大的踏進那個家呢？而且還只能姓黃，不能姓紀呢？

至於為什麼連媽都不能喊？也是因為阿嬤說：「小老婆生的孩子也是大老婆的。」媽媽不敢違背婆婆的意思，主動要求所有的孩子都喊她阿姨。

我甚至忘了，小時候媽媽有沒有抱過我？也不記得第一次看到爸爸是在幾歲的時候。對兒時的我來說，他們是兩個實際存在，卻不屬於我生命中的人。或許就是那股深沉的失落，以及被遺棄的感覺，讓我日後詮釋起類似的角色，總是特別傳神，而且很快就進入狀況。

十秒鐘掉淚，一躍成為台視童星

我會踏進演戲圈，是因為阿嬤的關係。

印象中的阿嬤，總是一身貴氣。除了頸戴項鍊、手戴玉鐲之外，十根手指頭伸出來，少說有四根是套著戒指，平常出門也是身穿旗袍。因為喜歡看歌仔戲，阿嬤一直很期盼家裡也能出個大明星。

當時，阿嬤經常透過關係，帶著大媽的女兒紀貞如到處去試鏡。或許是家中的第一個孫子，同樣是女娃兒，我和大姊的成長待遇卻是天壤之別。阿嬤為了培養她，四、五歲的時候，就花錢送她去學芭蕾舞和民族舞蹈。無奈，帶著她去試鏡好幾次，還是沒成功。

有次，我奉命回紀家討生活費，恰巧碰到阿嬤。擅長看人臉色的我，為了博取老人家歡心，馬上九十度鞠躬，用流利的台語說一聲：「阿嬤，妳好！」

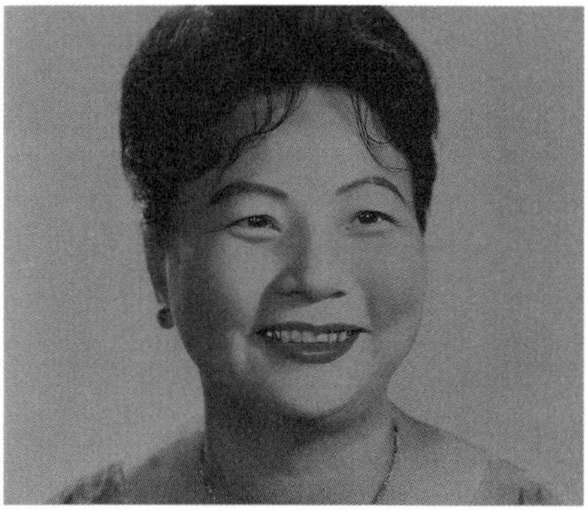

寶如的阿嬤，打扮總是一身貴氣。

寶如六歲時拍的沙龍照。

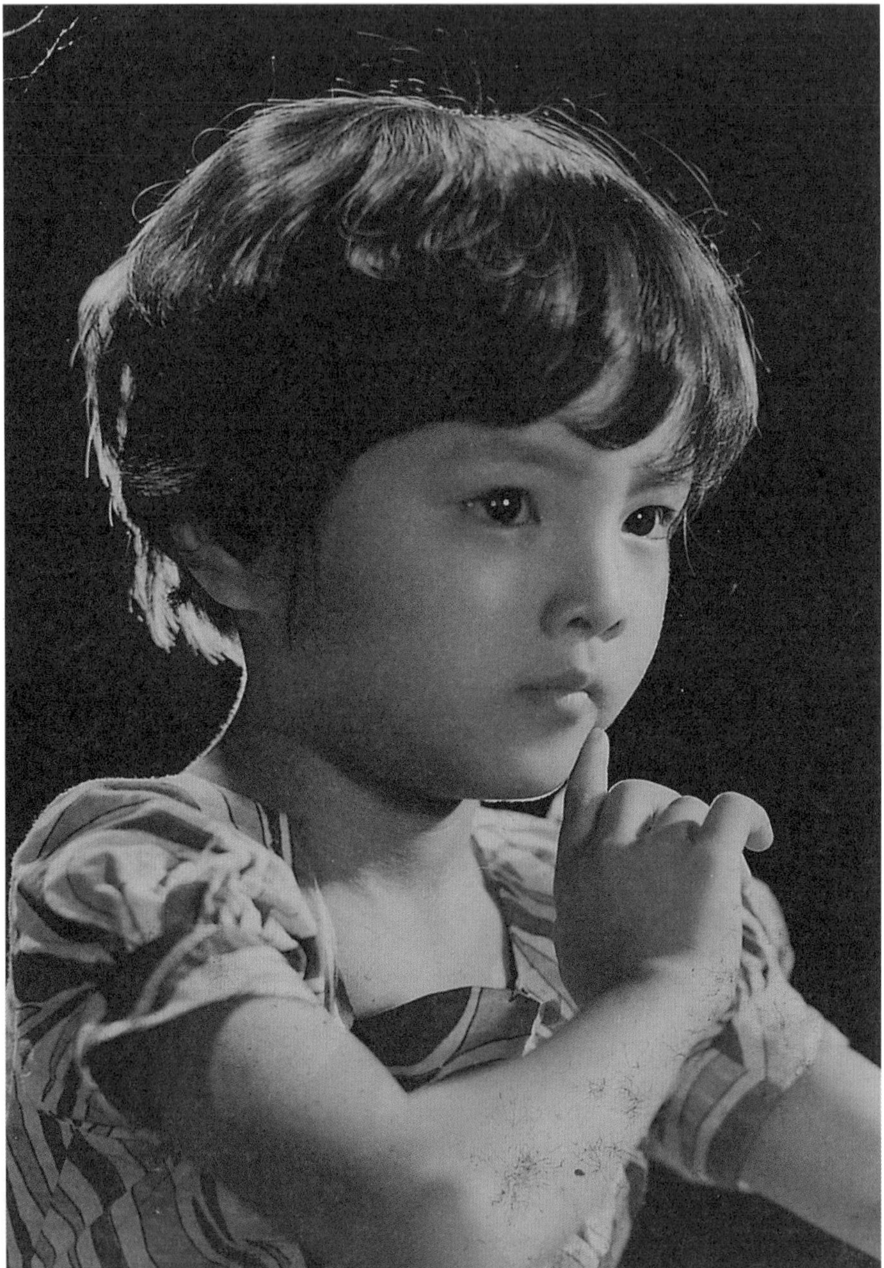

對於我的主動招呼，阿嬤通常不太搭理，但這回態度卻不一樣，不知為何，她的目光竟然在我身上多停留了好幾秒，像是在打量些什麼。沒多久，她開口了：「妳嘴巴那麼甜，那妳會哭嗎？」

「哭？會啊！但是有錢拿嗎？」當時我滿腦子只有錢。

「好，如果你十秒鐘之內哭，我就給妳一塊錢。」阿嬤邊說邊從錢袋裡掏出五塊錢銅板，塞到我的掌心。

沒讓她失望。不消幾秒鐘，我就已經兩眼淚汪汪了。

「很好！那妳現在換成笑。」阿嬤再度下表演指令。

很快，我就收起眼淚，露出招牌的甜美微笑。阿嬤滿意極了，馬上帶我去見當時的紅牌製作人葉明龍。這個名字對現在的年輕人或許很陌生，但當時他的影響力可是相當於現在的王偉忠，許多演藝圈的長青藝人，像是陳松勇、石英，都是他捧出來的一線演員。

見到大牌製作人，我馬上禮貌地鞠躬說：「阿伯，你好！」

試鏡的重點，也是要我在十秒鐘之內掉淚。正當我還在醞釀情緒的時候，突然有人說了一句：「如果媽媽沒有了，妳會怎麼樣？」此話一出，彷彿被扎到真實生命的痛處，我的眼

淚馬上像水龍頭般嘩啦嘩啦掉個不停。

接下來，對方又拿出了一個劇本，要我照著裡頭的劇情演一小段。

才五歲多的小孩，連字都不太認識，怎麼可能看得懂劇本？於是，阿嬤就捧著劇本，將台詞一句一句唸給我聽。說也奇怪，才聽過一遍，我就能倒背如流，演起來還絲絲入扣。製作人喜出望外，直說：「這個好、這個好……」不久後，我就進到台視，展開了童星生涯。

藉著演戲，宣洩壓抑的情緒

彷彿天生就是註定要吃這行飯。比起我那坎坷曲折的人生，演藝之路走來亨通多了，特別是一九六七年剛進台視，還是一家電視台獨霸的年代，只要能登上台視螢光幕，就能成為全台灣家喻戶曉的人物。

當時的電視螢幕是黑白的，戲劇和節目還是現場直播的方式。當時最怕的就是，上一場戲的劇情明明還很歡樂，五分鐘廣告回來，馬上要接哭戲。記得有一次，趁著廣告時間換好下一場戲的服裝，當我聽到導播說「二十秒回現場」，我整個人都急了，因為當時根本哭不出來。我趕緊跟阿嬤求救說：「阿嬤，我哭不出來，怎麼辦？」

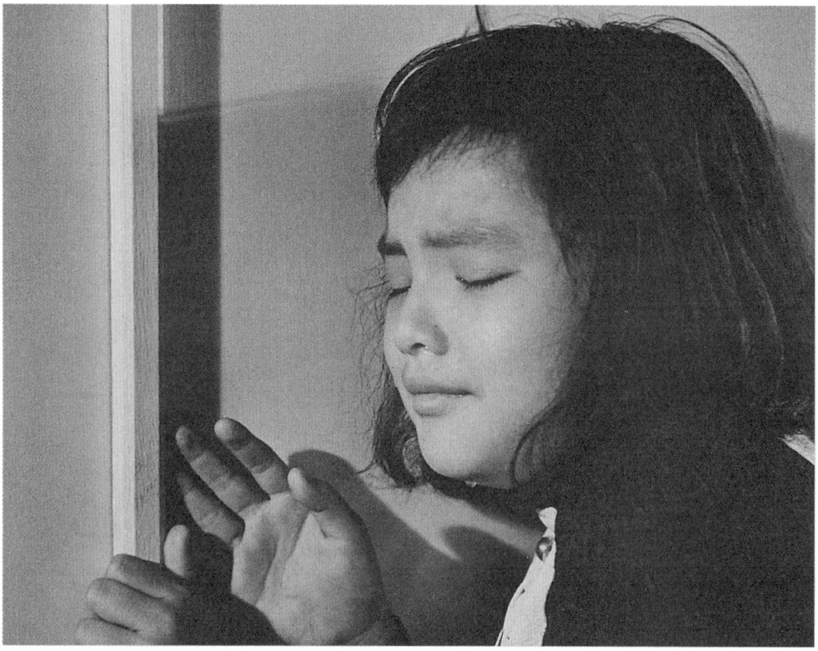

十二歲的寶如，因為從小在家庭環境中缺乏來自父母的愛，演起哭戲來總是特別傳神。此為電影《小紅娘》劇照。

「這樣，妳就哭啦！」說話的同時，阿嬤在我的大腿狠狠捏了一把，然後就把我推出去。導播一喊「Action」，我馬上放聲大哭。

小時候接拍的戲當中，我演得最好的通常都是缺乏親情的戲，別的童星不一定是這樣。我後來才明白，原來那是出自內心的渴慕，所以才會拍得那麼好，當時我以為都在演別人，但其實演的是自己。

進入台視後，我演的第一部戲叫做《葡萄酒》。當時，我飾演一個有錢人家的女兒，父母感情失和，父親在外面交了女朋友，母親最後死掉了。光聽劇本就知道整場戲幾乎都在哭。其中有一場戲，台詞

童星時期的寶如劇照。

整整一大頁，我不僅要全部背起來，還要一邊哭，一邊說我恨爸爸害媽媽死掉……，大家都覺得這場戲難度很高，我演起來卻一點也不困難。

我還演過一個被虐待的養女角色，類似的劇情也串連到我小時候的成長環境，對方演員不用真的出手，我就可以揣摩被打的感覺，整個人哭得唏哩嘩啦。

原來，困苦流離的童年經驗，早已醞釀成一齣內心戲，我不過是藉著演戲之便，把壓抑在潛意識的情緒宣洩出來罷了。

不會講國語，拍戲現場被罵到哭

《葡萄酒》是一個單元劇，雖然只播出一個鐘頭，但第一齣戲我就紅了，還得到很多的回響。於是，我又馬上接拍每天播出的台語連續劇，因為同樣是現場直播，壓力非常大。

但七歲開始演國語劇，才是最可怕的一件事。從小我就是在三重長大，最熟悉的語言就是台語，加上當時忙著拍戲沒上幼稚園，「國語」這玩意兒，我連聽都沒聽過，更別說要講什麼國語台詞了。

當時是台視導播趙振秋找我去演第一齣台視劇場（那時全台收視率最高的戲劇節目），每次一個單元劇要播出，就要排一個禮拜的戲，每天下午都要排。阿嬤也不會講國語，就找了我的姑姑幫忙看劇本，姑姑唸一句，我就跟著唸一句，用這種方式硬是把台詞給背下來。

排戲的時候，我還是被狠狠臭罵一頓。因為姑姑國語不標準，我也跟著變成台灣國語腔，偏偏趙振秋導播是外省人，操著一口流利的京片子。所有的台視導播中，就屬他最嚴厲，一聽到我的台灣國語，他的髒話就飆出來了，還當著大家的面痛罵我說：「妳這個小孩話都不會說，還演什麼戲啊？還台灣國語，不會演就回家去……」

正式開演的時候，他一樣照罵。台視劇場是週六晚上十點到十一點現場播出，每場戲之間有三分鐘的廣告時間，那時候就會聽到他在控制台打開擴音器飆髒話，說：「幾點鐘啦？妳睡醒了沒有？妳醒了沒有啊？……」有時候罵得不夠，還會走出二樓控制台，直接下來指著我罵。我常常被罵到哭，但也因為他的嚴格要求，讓我從一個完全不會講國語的台灣囝仔，被訓練到可以講一口標準的國語。

張小燕和孫越叔叔都是趙振秋捧紅的。當時的孫叔叔大概二、三十歲，都演反派角色；小燕姐才十八歲左右，專門演青春少女的女主角。我永遠都記得和小燕姐演的第一部戲叫做《孤雛淚》，她飾演我們家的婢女，是全劇的女主角。劇情重點是，我們因為家道中落、被人

寶如七歲時的照片。

家陷害，演婢女的小燕姐為了保護我這個唯一血脈，就帶著我四處逃難，孫叔叔就是演那個要追殺我們的壞人。

我也算是趙振秋導播捧紅的。和他合作最起碼有兩年的時間，一個月有四個單元劇，我平均每個月都有兩次的演出機會，比其他演員來得多。雖然他常常罵我，卻也常常為我量身訂作寫劇本，我是因為他這樣子捧，後來電影公司老闆看上我，才開始有機會去演電影，將演藝事業推向最高峰。

人生就是這樣，有時貴人會以嚴厲的姿態出現在我們的生命當中，正在受苦的當下，可能還體會不到，但是當你將時間拉長來看的時候，就會逐漸明白某段生命經驗帶來的正面意義。

若要問我，這輩子最感激哪些人？趙振秋導播就是其中一個人，他不僅讓我的國語進步神速，臨場反應也是他教出來的，我永遠都忘不了這個讓我最「害怕」的恩人。

拍戲走紅，改寫坎坷命運

跨足大螢幕之前，有長達兩年的時間，我都是以台視攝影棚為家。我除了拍單元劇，也拍連續劇，等於週一到週六都有演出，差不多六歲到八歲這之間，除了偶爾趁空檔出去拍廣告，我的吃喝拉撒睡幾乎都在台視大樓裡面。我還記得當時常常睡在沙發，不然就是阿嬤用一個墊子讓我躺在那邊。

七歲時，電視台慢慢從現場直播改成錄影，我的作息就更不正常了。錄影常常要錄到三更半夜，所以差不多睡到凌晨三、四點的時候，我就會被叫起來背劇本，然後開始演戲，演完了之後再繼續去旁邊睡。很奇怪，那時候也不會想要走出台視大門，去呼吸外面自由的空氣，大概是因為從小就沒有嘗試過其他生活，不知道這樣對一個小孩子來說很不正常。

每天圍繞在我週遭的都是大人。怕我沾染上大人的習氣，只要他們在罵粗話或講黃色笑話，阿嬤都會叫我不要聽，或是把我帶到角落去背劇本。雖

寶如參與演出的電影《心酸酸》劇照，右為女主角李湘。

八歲時的寶如拍攝電影《心酸酸》，幕後主唱「五花瓣合唱團」的成員前來探班。

然有些話我不能聽也不能講，但長期處在那種環境之下，當時的我常以為自己跟那些大人是一樣的，反而不知道這個年紀的小孩子該是什麼樣子。

自然逼真的演技，讓我迅速走紅，加上背劇本能力超強，還被當時的媒體冠上「天才童星」的稱號。但對於成名這件事，我並沒有什麼特別的想法，也不覺得演戲好玩，就是人家叫妳做什麼就做什麼。但問我拍戲苦不苦？老實說，我也一點都不覺得苦，因為比起原來的生活，已經好太多太多了。

成為童星之後最開心的事，不是出門有一堆影迷爭相拍照簽名，而是我那充滿悲劇橋段的人生劇本，終於有機會得以改寫。

「五花瓣合唱團」主唱蔡咪咪（右，現為前東森集團總裁王令麟的夫人）與寶如合影。

回到紀家，仍逃不出籠中鳥生活

「我要賺錢！」這四個字就是我演戲的動力，但我要賺錢不是因為愛錢，而是不想要過那種每個月回紀家伸手要錢的日子。當時的我心想，只要努力演戲，阿嬤就會收到很多的錢，我就可以搬離大肥嬤的家，回紀家和父母、兄弟姊妹們住在一起，得到家人的愛。

開始演戲之後，比較有機會在紀家進出，過了一年，阿嬤決定將我帶回艋舺一起住。大肥嬤當然無法接受，攙扶著樓梯，哭到泣不成聲，「一個小孩我從小帶到這麼大，她一會賺錢之後，妳就要把她帶走……」於是，阿嬤就跟大肥嬤說好，一個月會給她幾千塊的生活費，算是答謝這

寶如十三歲時，在華視代表接待時任副總統的嚴家淦先生（左），嚴家淦先生身旁的小朋友為童星林小虎，寶如右手邊的是童星葉小益。

幾年的養育之恩。

我的心情很矛盾。雖然多少還是會捨不得從小相依為命的大肥嬤，但是又想離開這裡，去過更好的生活。我想往上爬，爬到一個跟其他兄弟姊妹一樣受紀家人重視的位置，我也從「黃寶如」，正式改姓成為「紀寶如」。

不過遺憾的是，我以為搬離大肥嬤的家之後，便得以自由；但隨著後續人生的發展，我才發現，自己只是從一所生存監獄，遷移到另一所。

搬回紀家之後，一方面因為房間數不夠，另一方面也是為了保護我（當時的華西街很亂），我是和阿公阿嬤同住一個房間、睡同一張床。平常若是沒有出門拍戲，他們就會把我反鎖在二樓的房間，放了一個尿桶讓我「方便」。

當時，四嬸嬸就像是我的專屬台傭，不只要幫我倒尿桶，還得負責幫我買東西。每當我餓了，就會透過房間的小窗戶指揮人在樓下的四嬸嬸說：「我要吃這條街上第X家店的XX東西，妳去幫我買回來……」小時候不懂事，恃寵而驕，常對四嬸嬸發脾氣或是故意刁難她，如今想來，內心不僅非常歉疚，也由衷感激她早年的照顧和包容。

以一個七歲小孩來說，我也很認命，被關在房間裡卻從來不會想反抗。只是三不五時還是會倚在小窗子邊，透過一根根的鐵欄杆，望著華西街的人來人往……。

紅遍東南亞，逐漸失落純真性情

八歲，我開始拍電影。

當時接拍的第一部電影叫做《郎變了》，姚蘇蓉飾演一個歌星，為了供應丈夫出國留學，到處走唱賺錢，後來還懷了孕；但沒想到，丈夫學成回國之後，卻變心娶了別的女人。劇中，我飾演姚蘇蓉的私生女，一樣還是哭戲不斷。

大螢幕的曝光，讓我的名氣大增，成天被眾多影迷追著跑。隨著虛榮心越來越強，內心也開始埋下驕傲的種子——但它真正發芽，是在我拍了第二部電影《心酸酸》之後。

《心酸酸》這部電影的導演是郭清江，他是我的乾爹，給了我很多當時最缺乏的父愛。

這部電影的主要演員有崔福生和李湘，崔福生飾演我的爺爺。劇情內容大致是描述，爺爺本來就很反對我的父母結婚，沒想到婚後，父親就被車撞死，爺爺認定是母親剋夫，把她趕出家門，獨自照顧我和弟弟。有一天母親帶著再嫁的丈夫回來，想把我們帶走，和爺爺爆發衝突，造成悲劇。

當時演我弟弟的是紀光龍，是小我三歲的親弟弟。從小我們就不曾在一起生活，直到拍電影才有機會碰頭，在拍片現場，我就像是一個小大人，會適時「指點」他怎麼演戲。除此之外，我們幾乎沒什麼互動，也沒有親姊弟的感情，拍完戲就分道揚鑣，他回爸媽的家，我回阿公阿嬤的家。

當時的國片市場不像現在不景氣。台灣電影除了會在本土戲院播出，還會賣到東南亞國家，像是香港、新加坡、馬來西亞、印尼、泰國……等。《心酸酸》這部電影不只在台灣走紅，在香港播出時也創下當時的紀錄，在電影院連續上映一個多月。

八歲半的時候，隨片到海外登台。當我抵達香港機場的時候，大廳已經擠滿成千上萬的人潮。來接機的人是馮寶寶，當時才十幾歲，她熱情地為我戴上花圈，代表全香港人歡迎我的到來。

我不知道她有多紅，也不知道自己在香港有多受歡迎，直到隔天一早，看到我和馮寶寶幾乎佔據各大媒體頭版，我才知道自己已經被當成超級大明星。「台灣有個紀寶如，香港有個馮寶寶」這句話，也是從那個時候開始流行的。

在香港停留的那三、四天，我還受邀到香港最有名的 TVB 電視台，接受已故藝人沈殿霞的訪問，印象中，那個節目好像叫做《歡

阿公和阿嬤陪同八歲的寶如，到香港為電影《心酸酸》宣傳。

樂今宵》。下了節目之後，不管到哪兒，都有熱情的影迷跟隨，當時的我，被虛榮心沖昏了頭，已經不再是那個有禮貌、嘴巴又甜的小女孩。

每當有人摸我的臉，說：「好可愛喔！」我都會用力地把對方的手撥開，大喊：「不要碰我！」外界以為，那不過是一個小孩子的任性，但實際上，那是因為我已經變得驕傲自大。原因很簡單，我，已經是個紅遍東南亞的大明星。

作秀被「消遣」，委屈往肚裡吞

到了十三歲，無法再繼續當童星，我只好轉型當歌手。當時除了幫《萬里尋母》這齣卡通唱主題曲，也陸續推出了《白鴿》、《夕陽山外山》……等專輯。加上之前拍過的二十多部電影，後來都陸續在東南亞國家播出，讓我的知名度水漲船高，阿嬤腦筋動得快，開始安排我到東南亞巡迴作秀。

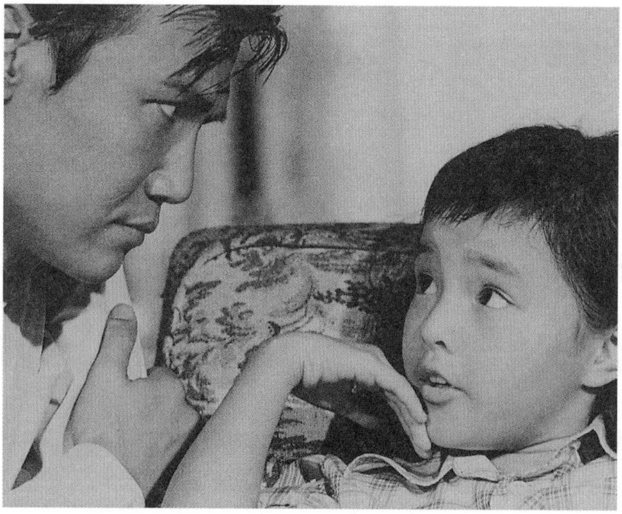

電影《小紅娘》劇照，和男主角岳陽合照。

第一次在海外登台作秀的地點是泰國。一場秀只要唱一首歌，就是電影《心酸酸》的主題曲，一天兩場就可以賺進兩百五十塊美金，以當時四十比一的匯率來算，相當於台幣一萬塊。當時到泰國作秀，幾乎場場爆滿，原先預定只停留一個禮拜的時間，最後都會再加場演出，在當地多停留一到兩個禮拜。

從泰國回來之後，又接到印尼的邀請。阿嬤馬上將我的秀場價碼，從兩百五十塊美金調高到五百塊美金。每場秀的價錢提高了，演出的內容當然也要相對增加，以一場五十分鐘的秀來說，不可能再只是唱一首《心酸酸》的主題曲，也要開始唱別人的歌，還要接受現場客人的點歌。

當時非常流行夜總會，經營範圍和客層也很廣。中午場是一些家庭主婦來喝港式飲茶，到了宵夜場，來的就是一些喝醉酒的客人，而且大多以華僑居多，裡頭還會有舞小姐坐檯和陪跳舞。當時，張帝的一首《毛毛歌》在那邊很紅，歌詞內容有點黃，但客人點了又不能不唱，碰到這種狀況就只能臨機應變，唱到敏感的字眼，就用開玩笑的方式來帶過。曾經有過幾次，客人因為喝醉酒，趁機騷擾或是吃我豆腐，像個小大人的我，為了顧全大局，委屈只能往肚裡吞。

唱完宵夜場就凌晨一點了，隔天上午十一點就要準備中午場的演出，所以哪裡也去不了，更不可能好好欣賞當地的風土人情。每次去印尼作秀，少說都長達兩個禮拜，連續唱下來的結果，聲音都啞了，一天到晚不是在喝膨大海、就是水梨燉枇杷膏，再不然就是去打針治療喉嚨發炎。

眼見我的喉嚨都快唱壞了，阿嬤想想，這樣也不是辦法，就送我去和黃敏老師（一支小雨傘的作曲者）學唱歌，練習正確的丹田發音。雖然從童星轉型當歌手，過程銜接得很順利，但到了十五、六歲，叛逆的種子逐漸發芽，加上發現自己壓根兒不喜歡表演，讓我開始萌生退出演藝圈的念頭。

失去求學機會，心生怨懟

星星之火，足以燎原。

長期累積下來的疲累，如同一團火苗，瞬間引燃了整堆枯柴，一發不可收拾。十五、六歲的時候，我不只要飛到東南亞去演出，回到台灣之後，還要馬上去各家歌廳演唱，常常唱到嗓子都沒了，雖然一個月可以賺二、三十萬，我卻一點都不快樂。

十歲的寶如已經紅透半邊天，經常收到影迷贈送的洋娃娃。

小時候，我賺錢的動機只是為了得到重視。想穿漂亮的衣服，有廠商會主動提供；想要可愛的洋娃娃，也會有影迷送給我。我沒有自己的戶頭，身上也不曾帶超過一百塊錢，更不會管錢到哪裡去；長大之後，我開始變得很怨，怨說為什麼從小就賺錢卻看不到錢？為什麼不能到學校去念書？不能跟同學一起去吃頓飯或看一場電影，更別說參加什麼畢業旅行了。

忽然間，很多的怨都在那個時候翻湧而出，尤其是對於念書這件事。

國小的時候，因為一天到晚忙著拍戲，很少到學校上課；上了國中之後，又開始到東南亞巡迴作秀，也是三天兩頭就翹課。總之，從七歲到十四、五歲，我到學校去都是為了考試，但說是考試，其實也只是到老師辦公室去簽名就算過關；高中讀的是夜校，但註冊完之後，我就因為工作關係而休學了。

沒花時間在求學這件事，並不代表我不想念書。有一次，我到東南亞作秀，晚上住在一個夜總會老闆的家。他有一個女兒和我年紀相仿，留著妹妹頭，講話很柔、很有氣質，正準備去多倫多留學。當她很開心地跟我說，要去加拿大念書，那邊的生活怎麼樣怎麼樣……，看著她興奮描述的表情，讓我好生羨慕，心想，如果我也能去國外念書該有多好！

那個遺憾，一直盤據在心裡。特別是當我連最基本的國字拼音都不會，誤把有沒有的「有」拼成「ㄍㄡ」，加減乘除也只會算到百位數的時候，我才驚覺到自己竟然什麼都不懂，開始變得很自卑；但另一方面，為了掩蓋自卑，我變得越來越自大，內心的怨恨也越來越深。在當時，我認為一切的錯都是阿嬤造成的……。

一心逃離，想做自己的主人

我對阿嬤的感情很矛盾。她是我最怨、但也是生命中最重要的人之一。

我的演藝之路，是阿嬤一手打造出來的，她不只社交手腕好，該送的紅包從來不會少，

六歲的寶如（右一），至總統府表演民族舞蹈「小放牛」給貴賓觀賞。

就連我的戲也是她教出來的。有一次，我要演人家的養女，要一邊揹著小孩，一邊還要洗衣服。阿嬤就親自示範給我看，還一邊講台詞，假裝哄著背後的小孩子說：「乖喔！妹妹不要哭，姐姐要趕快把衣服洗好，不然等一下又會被打……」我就一邊學著阿嬤的動作，一邊記台詞，差不多跟著做一、兩遍就會了。

我喜歡阿嬤教我演戲時的樣子，因為那時候的她，身上總是散發著耐心和慈祥，讓我

可以安心地依賴她。

但從另一個角度來看，她卻又是那麼地自私。

十三歲，我正值發育階段。阿嬤為了讓我繼續當童星賺錢，每天都在我的胸前裹上一層又一層的白布，試圖將我的胸部壓平，但因為裹得太緊，常常讓我喘不過氣來。

她還帶我去診所打一種抑制生長的針，那種針是打在膝蓋，非常痛。印象中我好像有問過，為什麼要打這種針？阿嬤只說：「就是不能長高啊！長高的話就沒辦法當童星……」這也就是為什麼，比起家中其他的兄弟姊妹，我的個頭特別嬌小，只有一百四十九公分高。

從小，只要沒有演出的日子，我幾乎都是被鎖在房間裡，哪兒都去不了，這種情況持續到我十五、六歲還是一樣。有次我到新加坡去作秀，一待就長達半年，為了增進語文能力，找來一個英文家教老師幫我上課，上完課，阿嬤要出門去和人家打牌，還是一樣把我反鎖在屋子裡。

當時的我，人前風光，人後卻像是被軟禁的犯人。

直到十八歲那一年，在歌廳秀認識余龍，我這隻被關了十幾年的籠中鳥，才開始試圖撞破柵欄，朝向自由的天空飛去。

第二幕
為愛走天涯

來不及見阿公（右）最後一面，是寶如內心最大的遺憾。
圖為寶如的阿公與寶如的弟弟紀光龍的合照。

我從來不知道什麼叫做自由。

成為童星以來，我幾乎不曾離開過阿嬤的視線，她就像是我的貼身經紀人兼保母，總是把我保護得好好的，不准任何閒雜人等靠近我一步。到學校上課，阿公也會在教室門口接送我上、下學，若是有哪個同學太常來找我講話，也會被班導師警告，所以我在學校根本沒什麼朋友。

上了國中，阿公本來想帶著我搭公車上、下學，但看到有很多男生躲在公車站牌遠遠地等我，就乾脆改坐計程車，讓一些想追求我的男生沒有機會接近。

在阿公阿嬤刻意保護下，到了十八歲這個人稱「情竇初開」的年紀，我還是對兩性之間的感情一無所知……，直到認識了余龍。

我和余龍之所以有機會互動，是因為阿嬤那時候剛好因為腎結石開刀住院，沒辦法跟我去高雄作秀，阿公也因為開瓦斯店，那陣子忙到走不開，就請我的姐姐紀貞如（大媽的女兒）陪我。不同於阿公阿嬤總是把其他人隔開，大我三歲的紀貞如個性很活潑，常會主動帶著我去找其他藝人閒聊。

當時在高雄的喜相逢歌廳作秀，那一檔秀的卡司陣容有余天、劉福助、豬哥亮，余龍就

唱片封面照，當時寶如十八歲。不能再當童星的寶如，開始積極轉型當歌手了。

是跟著哥哥余天一起到南部作秀，負責唱開場的小歌星。我那時候知名度比他高很多，因為他沒有出唱片，只跟著余天在秀場走唱，不然就是余天做節目，他做執行製作，那陣子剛好沒節目就出來作秀。

第一次看到余龍，是在後台。當時對他的印象就是，他是一個不多話的人，大家在聊天的時候，他都靜靜地待在一旁。老實說，起初我對余龍根本沒什麼感覺，因為從小當童星慣了，碰到誰都是叫叔叔阿姨，當時我叫余天、豬哥亮他們叔叔，所以也叫余龍叔叔。

對我來說，他就是一個大我九歲的「長輩」。

後來才發現，這個長輩怎麼經常對我噓寒問暖，沒事就會走過來問：「妳要不要吃這個？要不要吃那個？」做完秀，晚上十點多回到飯店，房間門口還會掛著宵夜。第一天，我還在想說是誰送的？隔天到秀場，余龍問說：「那個宵夜妳有沒有吃？」我才知道是他送的。

那時候作秀一次是十天，他就在房間門口連續掛了好幾天的宵夜。從沒談過戀愛，也沒和異性互動過的我，第一次感覺到有人在喜歡自己。後來比較熟了，兩個人才開始聊天，我聊自己的阿嬤，他聊自己的家庭。

最好笑的是，差不多一個禮拜以後，余龍就跟我說：「妳不要叫我叔叔了，好不好？」我問：「那要叫什麼？」他說可以叫余大哥或是余龍。透過一些小細節，就可以慢慢感受到他的心意。

分開前的那幾天，就很強烈地知道這個男生要追我，我發現自己也對他有好感，但當年不像現在幾乎人手一支大哥大，我們頂多只能互留家裡的電話。再不然，就是請他打到歌廳來找我。

與余龍相知相愛，感情逐漸滋長

回台北之後，我的行程還是一樣滿檔，絕大多數的時間都在外面作秀。

現在五、六十歲的人大概都知道，當時台北最有名的幾家歌廳，不外是今日鳳凰歌廳、日新歌廳、國之賓、狄斯角……這幾家。很多大牌明星都會受邀去那邊作秀，像是崔苔菁、劉文正、歐陽菲菲，他們都是後面的主秀，至於我，則是從原本一個負責唱開場的小咖，唱到後來，已經可以排到倒數第二個出場了。

我還常常在趕場。若是以當時一天要跑七、八家歌廳，一家唱三場，每場唱三首歌，換算下來，從早到晚，我至少得唱超過六十首的歌。日復一日，唱得都是同樣那幾首歌，不只唱到都膩了，喉嚨也越來越沙啞。我開始常會想：「好累喔！到底還要再唱多久？演藝圈這條路真的是我想要的嗎？……」

余龍為了看我一眼，常會趁著中間的空檔跑來探班，買東西來給我吃，讓我充分感受到被一個男人呵護的甜蜜。那時候，阿嬤剛出院還在養病，沒跟在身邊，正好提供了我和余龍繼續培養感情的機會。

我會喜歡余龍，是因為他很孝順。剛認識的時候，他講的都是爸爸媽媽的事，還說他媽媽有多辛苦之類的。每次一起出去，回家他也會帶東西給爸爸媽媽吃，種種的言語和行為，都讓我覺得這個人好孝順，不像我連孝順的機會都沒有，因為我和父母的關係很差。而且我相信，孝順的男人一定不會壞到哪裡去，應該也會很照顧老婆。

為了保護這段感情，我一直很小心。同台作秀的藝人當中，有不少都是阿嬤的牌友，所以我和余龍的互動很低調，就怕有人發現我們兩個人的關係，跑去跟阿嬤告密。比起被影迷或歌迷發現我談戀愛，其實我更怕的是阿嬤。

但難免還是會有凸槌的時候。有一次我被種草莓，那時候我也不懂什麼是種草莓，突然就被種了。到歌廳作秀的時候，豬哥亮和劉福助看到就取笑我，還故意裝傻問說：「妳脖子怎麼了？」

「沒有啦！因為我在學吉他，不小心被吉他的弦彈到……」我心虛地回答。

這兩位演藝圈的大哥大，下了台依舊不改幽默風格，還故意回說：「我只知道吉他可以用來彈，不知道原來吉他還會彈人喔！」

事後回想，連我自己都覺得這個理由很瞎。

家人逼分手，興起離家的念頭

紙，終究還是包不住火。有一次，余龍打電話到家裡來，被我的四叔叔接到，他不僅不准我聽電話，還把這件事情告訴阿公阿嬤，兩老得知後，非常生氣，強烈反對我和余龍交往。

「妳也不想想看現在年紀還這麼小，而且跟圈內人交往不好，余龍有什麼前途？……」阿嬤氣得大聲吼罵，就是要逼我跟余龍斷了關係。

「我不要！」我邊哭邊嘶吼著，「為什麼我不能談戀愛？只是談戀愛而已，又不一定要嫁給他……」

「啪——」話還來不及說完，阿嬤的一巴掌就已經落在我臉上，「從現在開始，妳不准再跟他見面了！」說完用力甩上房門，我又被反鎖在房間裡面。

但一隻鳥都已經從籠子飛出去了，怎麼可能甘心又被關住？

那時候他們試圖把我鎖住，我完全沒辦法接受，非常反抗。出去作秀時，阿嬤又使出緊迫盯人這一招，為了擺脫她，我還曾經做工地秀做到一半，趁她不注意就偷跑了。

後來我乾脆偷接工地秀，一來，是不想被掌握行蹤，二來，這樣賺的錢才能放進自己口袋，因為當時我開始想獨立了。雖然那時候已經有跟阿嬤吵過錢的問題，但還是不敢真的翻臉，因為她是一個很強勢的人，我都十七、八歲了，她還是會動手打我。加上余龍的事也讓我被打得很慘，當時的我心想，沒道理再讓自己因為錢的事被打。

只是衝突越來越常發生，「想徹底脫離這個家」的念頭也越來越強烈，一天比一天堅決，堅決到後來，連採取的方式都很強烈。

不惜未婚懷孕，為愛遠走高飛

「我要懷孕！」有次和余龍見面，我從嘴裡緩緩吐出了這四個字。

是我主動找余龍發生關係。當時我一心想著，我再也不要演戲、也不要唱歌，更不要繼續待在演藝圈這一行，所以根本不在乎外界眼光。我甚至篤定地告訴自己，我就是要嫁給余龍，只有這一條路，雖然不知道嫁了之後會怎樣，但沒有這個男人，我也會死。

雖然事後回想起來，自己也曾經懷疑，當初真的有那麼愛余龍，且非他不嫁嗎？答案似乎也沒那麼肯定。但這就是人性，越是被阻撓、被限制的事，就越想去爭取，藉此證明自己才是生命的主人。當時的我，或許就是出於這樣的心態，下定決定要和阿公阿嬤抵抗到底。

未婚懷孕，就是我的終極手段。

兩、三個月後，我真的懷孕了。

雖然本來就故意要懷孕，生米煮成熟飯，讓阿公阿嬤想擋也擋不了。然而，真的發現自己懷孕的時候，還是多少會覺得害怕，我的思緒一陣混亂，不知道該怎麼向家人開口講這件事。直到有天晚上，再度和阿公阿嬤因為余龍的事吵得不可開交時，我便藉機脫口而出說：「我已經懷孕了！」

聽到這個消息，阿公阿嬤簡直氣炸了。隔幾天，余龍來我家提親，才剛踏進門，就被我阿公用掃把給轟出去，還挨了叔叔幾拳。

當時的我，獨自坐在樓梯間，默默看著這一切發生。但最終，我還是得自己面對這個事實，親自向爸爸開口。

因為從小就沒有住在一起，我跟爸爸幾乎一年才見一次面，對他的感覺既陌生又害怕。鼓起好大的勇氣，我才敢走進爸爸位於板橋的住家，開口對他說：「爸爸，我要結婚了，因為我已經懷孕……」

原以為，爸爸會看在懷孕的份上，點頭答應讓我嫁給余龍，沒想到卻換來更大的傷害。

「妳都懷孕了，還講什麼？」爸爸狠狠摑了我一巴掌，「不要再說了，把孩子拿掉，妳只有這條路可以選……」

耳光一打，不管爸爸再講什麼，我都聽不下去了。那一巴掌，如同壓倒駱駝的最後一根稻草，也就是在那一晚，我決定跟余龍遠走高飛。

擦乾眼淚，步出家門。見到人在樓下等待的余龍，我以極為堅決的口吻告訴他：「我跟你回家！」

那是我長這麼大以來，第一次不再任人使喚。我永遠都記得，和余龍私奔的那一晚，身上只有兩百塊。

住進婆家，和家人斷絕關係

位於台北市的南京東路上，余龍的家是在一棟電梯公寓的四樓。雖然余媽知道我們在交往，但突然間說要住進他們家，而且還已經懷孕兩、三個月了，還是讓兩老有些驚慌失措。

偌大的客廳裡，我和余龍並肩坐著，余爸余媽坐在我們的對面，氣氛有點凝重。沉默幾分鐘之後，終於，余媽開口說話了，第一句就是問：「妳確定要跟余龍嗎？」

「對！我確定要嫁給他。」我用力地點點頭。

「可是妳還這麼小，阿公阿嬤又不贊成，我看妳還是回家去好了……」

「不要！求你們留我，我已經有余家的小孩了。」

為了表達我的誠意和決心，我甚至發誓「這輩子生也是余家的人，死也是余家的鬼」，就是想感動余爸余媽，希望他們可以留我。

哀兵姿態果然奏效，後來余媽說：「好！但如果是這樣子的話，妳就必須先和家裡斷絕關係，等到妳和余龍事業做成功了，才能再和家人聯絡。這樣，妳願意嗎？」

「我願意！」一點遲疑也沒有，因為內心對紀家人的怨，早已經累積成了一股強烈的恨。既然如此，又何必再往來呢？

時間上也銜接得非常巧合。當時余龍的大哥余天才剛搬出去，家裡正好空出一個主臥房，余媽就找人裝潢，把它當作我和余龍的新房。

依照法律規定，女孩子必須滿十八歲才能結婚。搬進去余家住的時候，我才十七歲多，因此我們是等到幾個月後，滿十八歲，余龍才帶著我到法院公證，再到戶政事務所登記兩人成為夫妻。

沒有求婚、沒有戒指、沒穿白紗，更沒有轟轟烈烈的世紀婚禮。短短半天的時間，我就從紀小姐正式升格為余太太，準備迎接第一個新生命的到來。

阿公驟逝，見不到最後一面

就在我懷孕七個月的時候，某天夜裡，突然接到紀家人打來的電話，說阿公過世了。一聽到這個噩耗，本來還昏昏沉沉的我，整個人馬上驚醒。大清早，余龍就陪著我趕回到華西街的住處，爸爸不准我踏進家門，我就從華西街的街口，一路跪著爬回紀家，扶著阿公的棺木痛哭。

阿嬤見狀，也在一旁哭哭啼啼地說：「誰叫妳當初不聽話！妳阿公都是被妳氣死的啦……」

算一算，阿公過世的時間，距離我當初逃家也不過才四個月，說他是被我氣死的，好像也有那麼一點道理。家人說，自從我離家，阿公有長達三、四個月的時間都悶悶不樂，也不太跟人講話。加上已經當了幾十年里長的他，那陣子又競選里長失利，雙重打擊下，才會突然因為心肌梗塞過世。

那是我第一次覺得，有人被我害死，而且那個人還是我最愛的阿公。

雖然阿公也管我管得很嚴，我對他卻存有一份特殊的情感。當我還跟大肥嬤住在一起的時候，每當我回紀家拿生活費，只有阿公看到我會主動問說：「妳來啦！吃飯了沒？」當時的感覺就是，那一家人只有阿公會關心我，其他人的態度不是很凶、就是很冷。所以在我印象中，紀家唯一最慈祥的人，就是我的阿公。儘管後來，因為余龍的事情和阿公阿嬤爆發嚴重衝突，阿公再怎麼生氣，也從來沒有出手打過我。

最親愛的阿公（右）帶著寶如的弟弟紀光龍去拍戲時，所留下的合影。一直到現在，寶如還是認為阿公的死，有一部分原因是她造成的，內心的歉疚從未消逝。

阿公的驟逝，已經夠讓我無法接受，沒想到還要面對紀家人說我是兇手的指控。天啊！

多麼慘酷的人生啊！我不過是個十八歲的女孩，為什麼要承受這麼多的磨難呢？

「告別式當天，妳不准出現！」無視於我的痛徹心扉，爸爸在我走出紀家大門之前，託家人撂下了這句話。

那一刻，我突然明白，原來從我生命中告別的人，不只是最愛的阿公，還包含了紀家門裡的，他們。

長子早產，惡夢接連來臨

阿公過世，讓我頓失依靠。自此，余龍成了我生命中最重要的人。

那時候，余龍已經從小歌手轉型當經紀人，我就像是他的小跟班一樣，他到哪裡我就跟著到哪裡，兩人幾乎形影不離。

剛結婚的時候我們很省，常常兩個人合吃一碗麵。我還記得，某天晚上凌晨十二點，公車沒了，我和余龍又沒錢坐計程車，從秀場走回家的路上，我因為懷孕，腳痠得不得了，余龍看到路邊有台破腳踏車，就騎著載我回家。但腳踏車的兩個輪胎都快沒氣，難騎得很，在大街上東搖西晃的，見他那一副拚命踩腳踏車的模樣，讓人看了既不捨又好笑，緊緊環抱著他的腰，我邊笑邊為他打氣，直喊：「加油！加油！」

雖然那時候沒什麼錢，我們卻過得很甜蜜。當時的我，總覺得自己是世界上最幸福的女人，直到……大兒子余彥樟誕生。

生彥樟的前一刻，我還跟余龍在餐廳秀工作，突然間，肚子好痛好痛，看到羊水破了，大家趕緊把我送到醫院去，但在醫院待產了一天還是生不出來，最後才決定用剖腹產的方式。當時，肚子裡的孩子才八個月大。

躺在冷冰冰的手術台上，年僅十九歲就要當媽媽的我，一顆心忐忑不安，就怕孩子早產會不會有什麼閃失。

沒多久，傳來了孩子的哭聲，但緊接著又聽到醫生大喊一聲，說：「啊！小孩怎麼這樣？」

「孩子怎麼了？」我馬上急著問。

「喔！沒什麼，沒什麼……」

沒機會追問，隨即有人朝我臉上套了一個像是氧氣罩的東西，很快，我就被全身麻醉，完全不省人事。

我在台北的中山醫院生產，但因為孩子的情況相當危急，馬上就被送往台北榮總進行搶救。巧的是，我被送進去開刀時，余龍剛好肚子絞痛，小孩子被送去榮總時，他人在廁所，被醫護人員叫出來之後，趕緊跟到榮總醫院去。

昏迷了差不多一天，余龍從榮總回來的時候，我也差不多醒了。當時我問他，孩子怎麼了？他不敢讓我知道真相，直說沒事沒事。

三、四天後，我就出院回家了，但孩子仍然住在榮總。我曾經問余龍說，為什麼我不能看孩子？余龍還謊稱小孩子有黃疸，要過一陣子之後才能去探望。我雖然當了媽，卻還十足像個小孩子，很容易就被人哄騙過去，尤其那個人還是我最信任的余龍。

出院之後，都是余龍在煮月子餐給我吃，他知道我不敢吃麻油腰子，還改煎牛排讓我補身子，也難怪我小叔余帝常說，余龍其實是把我當小孩子在照顧。

在余龍的百般呵護下，天真的我以為，孩子應該不會有什麼大問題。殊不知，一場空前的人生惡夢，才正要降臨。

大兒子彥樟（右）罹患罕見的「先天性腹裂症」，腹部留下了當時手術的疤痕。

孩子先天性腹裂，像隻解剖青蛙

「天啊！我生的是什麼怪胎啊？」一看到躺在保溫箱裡的孩子，我嚇得尖叫，幾乎要昏厥。

那時候看到小孩子就像是一隻被解剖的青蛙，四肢都被綁住、插滿針管，肚子還破了一個很大的洞，腸子全露在外面。那些腸子因為泡羊水泡太久，腫得很大，醫師就先將腸子用袋子包住，吊在肚子的正上方，然後再一點一點地慢慢塞回去。為此，保溫箱還特別加高了好幾公分。

「這是我的兒子嗎？這是我的兒子嗎？」我不斷地啜泣哭喊，完全無法接受眼前這個事實。

將我緊緊摟在懷裡，沒有任何一句責怪，余龍只是溫柔地安慰我，「醫生說會好，不要擔心……」

醫生解釋，孩子罹患的是一種名為「先天性腹裂症」的罕見疾病。主要的癥狀，就是臍帶附近會出現十幾公分的破洞，使得腹腔內的腸子全跑出來，暴露在羊水中。雖然經過治療，存活率還算高，臨床上卻很少出現這樣的例子，發生率只有萬分之一。

至於為什麼會發生？原因不明。一般推估，可能因為母親年紀太輕（小於二十歲時，發生率增加十倍以上），或是母親有抽菸、喝酒，以及藥物濫用的情況。

但我既不抽菸也不喝酒，更沒有所謂藥物濫用的問題，若真要找出一個合理的解釋，大概就只有年紀輕這一項符合了。

儘管醫學角度解釋得過去，我的婆婆卻認定孩子的肚子會破一個洞，是懷孕期間，裝潢工人曾在我們新房的浴室鑽了一個洞；紀家那邊更是耳語不斷，有人說彥樟是個不被祝福的孩子，生下來才會這樣，也有人說，就是因為我當初不聽話，堅持嫁給余龍，才會出現這樣的下場……。

字字句句都如同一把尖銳的刀子，狠狠扎進我的心，血流不止。

逃避照超音波，釀成孩子悲劇

沒錯！我是該為這個孩子負起責任。

懷彥樟的時候，我一心想要生男孩子，不敢去做超音波檢查，才會沒提早發現他罹患了「先天性腹裂症」。

小時候，我是重男輕女家庭下的犧牲品，所以希望生男孩，讓孩子天生就能得到長輩的重視。尤其，那個時候我的嫂嫂都是生女孩子，我也希望生個男孩來博得公婆的歡心。

因為得失心實在太重，我連提早知道嬰兒性別的勇氣都沒有。為了不讓答案提早揭曉，每次到醫院產檢，我都堅持不做超音波，只願意讓醫生摸一下肚子，用聽診器確認寶寶的心跳。

然而，一切已成定局，接下來最重要的，就是趕快把孩子治療好。

最辛苦的是余龍。孩子住院期間，他一方面要去醫院照顧孩子，回到家還要照顧我，等到孩子兩個多月的時候，情況比較穩定，才接回家來照顧。但沒想到，有天我將孩子抱在懷中的時候，發現他兩眼的瞳孔竟然不一樣，一眼是黑色，一眼是白色。起初，我以為是燈光反射的關係，還叫余龍來看，他意識到情況不妙，趕緊帶孩子去眼科做檢查。醫生說是先天白內障，必須開刀，但之後那一眼就變成了遠視一千多度，必須要戴眼鏡矯正。

所謂的矯正，就是要把正常那隻眼睛遮起來，然後戴上一副很厚重的眼鏡，用遠視的那一眼來看東西，練習聚焦。但畢竟是小孩子，覺得不舒服就會用手去抓，所以還要把他的手綁起來，讓我看了非常捨不得。

雖然我們有請保母幫忙照顧孩子，但因為彥樟的身體狀況一直不是很穩定，照顧起來非常辛苦，生了他之後，我就被嚇到了。我擔心自己的基因不好，往後幾年，雖然曾經懷過兩、三次孕，我都選擇把孩子拿掉，說什麼也不願意再冒險生下來，幾條寶貴的生命，就這樣無辜葬送在一個無知母親的手裡。

夫妻聯手打拼，實現「家」的願望

我是個不及格的媽媽，因為我的全部心思都放在余龍身上。我不知道怎麼去當一個媽媽，也不會做家事，簡直像個生活白癡，所以生下大兒子之後，我還是一樣跟著余龍在外面跑，很少盡到媽媽的責任。

但一踏出家門，我就成了余龍事業上不可或缺的夥伴。不管是當經紀人，或是和歌廳老闆談判，這一塊我都很熟，可以全權幫余龍掌管，後來，余龍還從歌廳秀這一塊做到了餐廳秀。

餐廳秀和傳統歌廳秀最大的差別在於，餐廳秀是西餐廳，可以讓客人一邊吃西餐，一邊欣賞台上的歌舞演出。因此餐廳秀最常出現的糗事就是，台下的客人牛排切到一半，突然「咻——」就飛到台上去；要不然就是台上的歌手跳一跳，「咻——」鞋子飛到客人的餐桌上。

餐廳秀可以說是余龍第一個做起來的。我還記得，全台灣的第一檔秀是在台北市林森北路的一家美人魚餐廳，動用人情關係，余龍請來了當時紅遍各大秀場的「大白鯊」陳今佩來演出，那時候一天三場秀，場場都爆滿，第一個月就賺了二十幾萬。

余龍第一次賺到這麼多錢，開心極了，趕緊跑回去拿給媽媽，說：「媽媽，我這個月賺到了二十幾萬耶……」以前余龍在秀場演出，一天頂多只賺到一千塊，突然賺到這麼多錢，他的媽媽也很高興，當天還把二十幾萬的現金拿來當枕頭睡。

前半年，余龍賺的錢都交給媽媽，後來是因為婆婆要我們自己把錢留著，余龍才沒再繼續給。雖然後來餐廳秀越來越競爭，好萊塢、百老匯、維也納這些餐廳都陸續出現，但每個

寶如二十四歲時，第一次和丈夫余龍（右）一起出國，地點是日本的北海道。

月平均算下來，我們還是有十幾萬的收入，算是蠻優渥了。

也就是在那個時候，我和余龍拿出四十多萬的頭期款，在台北民生圓環附近買了一個總價六百多萬的新房子。公公婆婆和剛當兵回來的余帝，都搬過來和我們一起住，當時大肥嬤年紀也大了，我就將她從三重接過來住，順便請她幫忙照顧彥樟。

當時的房貸壓力非常大，一個月就要繳十幾萬，但那段日子卻也是我十二年的婚姻生活中，最甜蜜、最開心的時候。對於原生家庭的破碎，我無能為力，但藉由協助余龍完成一家人共同生活的願望，多少也彌補了我內心的失落和缺憾。

余龍曾經說過，最大的願望，就是全家人都

可以住在一起。因此幾年後開始賺大錢，我們又在北投買下一塊一百多坪的地，打算蓋五層樓，總面積五百多坪，足夠我們所有的家人搬進來住。

當時光是買那一塊地就要兩千多萬，蓋的時候又花了兩千多萬。無奈造化弄人，那棟夢想城堡還沒來得及打造完成，現實中的一切就已經逐漸變了調……。

美國待產，獨自強忍丈夫冷落

大兒子余彥樟出生之後，相隔四年，我才又生下二兒子余彥鋒。懷他的時候，我不敢大意，做過羊膜穿刺確定孩子很健康，我才決定生下來。彥樟長得很像爸爸，彥鋒則是長得比較像我，從小就古靈精怪。一九八九年，第三個兒子余彥廷誕生，也正好是我和余龍開始轉換行業的階段。

當時，我們和友人合資開了一家酒店，持股百分之二十。酒店要開張之前，正好碰上我懷孕五、六個月，準備要去美國待產，生下彥廷。余龍要忙酒店的事，所以只陪我去美國一個禮拜，就先飛回台灣了。

當時，彥鋒才兩、三歲，也跟著我去美國。幸好，當時的室友（一個也是從台灣到美國待產的孕婦）還有媽媽陪著，可以幫忙煮飯，我只要每個月補貼一些錢就可以了。

在美國，我們過得很辛苦，為了省錢，只買了一個墊子鋪在地上當床，每個月包含房租、飲食等生活開銷，才花差不多台幣一萬塊錢。本來想利用時間去進修學英文，但因為彥鋒年紀小，容易吵鬧，最後還是作罷。那四個月，也是我第一次真正學習照顧自己的小孩，這也就是為什麼，三個孩子當中，我對彥鋒的感情特別深。

一直到我準備進產房剖腹的前一天，余龍才趕到美國，看我生完孩子之後，又飛回了台灣。十五天後，我一個人強忍著傷口疼痛，帶著兩個孩子搭機回台灣。有一幕我至今難忘，飛機正要起飛的時候，彥鋒因為害怕開始大哭，我一見狀，就在地上鋪條毯子，把彥廷放在上面，沒想到，我才正要伸手去安撫彥鋒，彥廷就跟著哭了。當下，我急得不知如何是好，只好大喊「通通不要哭！」但其實我自己也在掉眼淚……。

余龍的體貼到哪裡去了？為何忍心讓我獨自面對這一切？

起初，我以為是酒店開幕，他會比較忙。但後來我才發現，他的缺席不單單只是因為忙碌，而是，已經有了另一個女人。

一通半夜電話，揭開外遇事實

我作夢也想不到，當年三十八歲的余龍，外遇對象竟然會是一個年僅十六、七歲的年輕女孩兒。

回台灣之後，突然出現了一個女孩，她自稱是余龍的乾女兒，還開口喊我乾媽。我問余龍，為什麼要認她當乾女兒？他就說，因為她的身世很可憐，加上那女孩的年紀少說小我十歲，我就沒有再多想。

有一次，她來跟余龍拿十萬塊，我說為什麼要給她錢？他說因為她媽媽要開刀，很可憐，給她吧！當時我也還真的相信，傻傻的拿十萬塊給對方。

直到有天晚上，那女孩半夜打電話來，余龍跑去書房講電話。我剛好醒來，發現他人不在身邊，但電話的燈是亮的，就偷偷拿起房間的分機起來聽。

電話中，我聽到那個女孩一直哭，然後還說一些像是「你今天一定要給我一個交代，不然我就死給你看」之類的威脅話語。聽了差不多五、六分鐘，我發現他們兩人之間並不單純，當下幾乎要崩潰，完全忍不住怒氣，在電話這一頭直接開口就問：「你們到底怎麼了？」

余龍聽到我的聲音，嚇了一大跳，直說：「沒有啦！沒有啦！」之後就趕快把電話掛掉，就從書房回到房間，準備向我解釋。他說，那個女孩因為和男朋友吵架，心情不好、鬧自殺，所以才打電話來向他訴苦。

「可是我聽到的內容並不是這樣子啊！你怎麼可以這樣子對待我……」實在氣不過，我就用自己的頭去撞桌腳，撞出了一個大傷口，鮮血不斷從傷口湧出。

比起我內心的痛，頭上那一點傷算得了什麼？

這是寶如在余家最快樂的時光。

婚姻走入死胡同，黯然離家

人說「家和萬事興」，反過來說，當一個家成天吵吵鬧鬧的時候，不管做什麼事，似乎都

會開始變得困難重重。

剛從美國回來，還沒發現余龍外遇之前，正好是台灣股市大好的時候。我們從兩千多點進去，做到快一萬點，錢也從剛開始的三十萬，一直融資賺了近億元。

股市大好，剛開張的酒店也跟著賺錢。一天只要開個一百瓶ＸＯ就有一百萬了，這類的大戶一天最起碼有幾十個吧！還曾經有人跑進來說：「寶如，我今天買了ＸＸ股票，賺了一千多萬，這三百萬給妳。」

對方是一個很照顧我的大哥，但為什麼要送我錢？他又接著說：「因為哥哥覺得妳這個女生很棒，一路以來跟著余龍吃苦。而且小時候就看妳長大，是妳的影迷，這些錢就送給妳，但是妳不要讓余龍知道，因為男人是不可靠的，妳要把這些錢留著當私房錢……」

雙手捧著一堆錢，我開心地回說：「我知道！我知道！」

對方才一踏出酒店門口，我馬上就跑去跟余龍說：「余龍你看，人家送我三百萬。」可想而知，這些錢通通繳國庫，直接軋到余龍的戶頭裡面。當時常常有人送我錢或股票，前後加起來應該有上千萬元。

因為經濟狀況很不錯，我幫余龍買的衣服都是動輒上萬塊，至於我自己，還是經常穿路

全家福合照，是寶如要離開余家的一週前拍的。

邊攤買的，一件幾百塊的衣服，腳上穿的鞋子，一雙也只要一九九。那時候我覺得只要余龍好，我就很有面子，自己倒也不覺得委屈。

這種錢從天上掉下來的好日子，也維持沒多久。一九九〇年，萬點股市瞬間泡沫化，當時，光是一個禮拜的跌停板就可以跌掉四千多萬，而且股票往下掉得很快，只要一個月就可以從很多錢變成一無所有。受到股災影響，原本出手闊綽的酒店大戶也一個一個倒，酒店經營不善，股東們也開始吵著要拆股。

為了填補資金缺口，余龍不好意思開口，就叫我去跟週遭的人借錢，那時候常要動用人脈，到處去調頭寸。身心俱疲的情況下，加上又發現余龍外遇的事，突然覺得自己這麼為他付出，真的好不值得、好傻喔！

當時，婆婆得知余龍外遇的事情，就勸我想開一點。媽媽袒護自己的孩子，這一點我可以理解，但是當婆婆連股票輸錢這件事也全怪到我頭上時，就讓我難以接受了。沒錯！余龍在經營酒店的時候，股票都是我在操作，但之前股票賺錢的時候，誰感謝過我呢？

受不了三天兩頭就被婆婆唸，時不時還因為外遇的事情和余龍吵架，在一次激烈的衝突之後，我告訴自己：「我真的受夠了！」

既然這個家已經和想像中的不一樣，留下來還有什麼意義呢？

我自認為沒錯、也沒對不起這個家，於是用最快的速度，將常用的隨身物品和衣物塞進一個小行李箱，誰都沒講，我就一個人離開了。內心的堅決，一如那個和余龍私奔的夜晚。

選擇離婚，決意不再回頭

這次，我真的是徹底對這個男人死了心。

曾經為了余龍，我可以和自己的家人斷絕關係，甚至連命都不要。

我跟余龍在做餐廳秀的時候，曾經有人來威脅我們，說那個餐廳秀讓出來給他們做，他們要包。但因為我們沒有答應，結果沒多久，有天晚上十一點多，我們從好萊塢西餐廳下來，就有四個人，其中兩個人拿著開山刀，從余龍的背後砍下去。余龍倒地之後，那個人還要繼續砍，我就趴在余龍身上，腳上的刀疤就是這樣來的。

還有一次，我剛從太陽城西餐廳走下來，迎面走過來一個男的，他就一直看我，當兩個人越走越近的時候，突然，他拿出一包紅色的油漆砸向我的臉和身體，警告意味相當濃厚。當下我一度以為是硫酸，幸好不是，但當時的我正懷著第二胎身孕，頂著一身紅漆，我就像個小孩子一樣邊走邊哭，從林森北路走到民生東路的好萊塢西餐廳去找余龍。

只有在余龍面前，我才會示弱，面對黑道勢力，我反而不怕。一來是因為當時類似的事情本來就很常發生，很多藝人像是洪榮宏、白冰冰那個時候也被黑道追殺；二來是因為，我覺得跟自己所愛的人在一起，為了保護他，我就什麼都不害怕，也不覺得苦。十二年的婚姻關係中，余龍就是我的全世界，直到第三者的出現。

離開了余家，我一個人提著行李、獨自走在台北街頭，心想，天地何其大，為什麼就是獨缺我的容身之處呢？

實在無路可去，最後我還是硬著頭皮走到爸媽的住處。但因為跟家人的感情還是不好，沒多久我就搬出去，利用自己過去的人脈和經驗，開了一家包廂式的ＫＴＶ，賺取一些收入。

余龍曾經到家裡來找我，我不願意見他。但畢竟心裡對三個孩子還是有所牽掛，有好幾次，我都是透過和二嫂聯繫，了解孩子過得怎麼樣。二嫂也多次勸我，希望我能看在孩子的份上，回到余家重新開始，還說余龍承諾一定會悔改。

但當時驕傲的我，說什麼也不願再給余龍機會，如今回想起來，誰沒有犯過錯呢？如果我當初選擇原諒，或許結果就完全不一樣了。

我的心意已決。離開余家半年後，我就和余龍簽字離婚，但沒想到這麼一簽，自此天人永隔。離婚的幾個月後，一場大火，竟奪走了余龍的性命。

噩耗傳來，從此被罪惡感綑綁

事情是發生在一九九二年十一月二十一日。那一晚，台北，特別不平靜。

「轟——」一聲，位於撫順街的神話世界ＫＴＶ，突然竄出了熊熊大火。倉皇的尖叫聲四起，前一刻還沉浸在歌舞中的男男女女，這時全都爭相逃命。無奈，火勢延燒得又急又快，

寶如懷孕六個多月，余龍帶著彥樟（右二）和彥鋒陪她到美國待產。甜蜜合照的背後，寶如絲毫不知當時余龍已有了外遇。

濃濃黑煙不只直衝天際，更像是兇惡的死神，迅速遍及空間裡的各個角落，無情索命。這場大火造成十六個人死亡，縱火的人，是一九九七年被槍決的湯銘雄。

余龍就是逃到樓梯間的時候，被嗆死的。

藝人張琪最先發現這個噩耗。她在台北陽明醫院當志工，發現一串死亡名單當中有一個名字叫做余福龍，心想余福龍不就是余龍嗎？為了確定是不是余龍，她第一時間就連絡我的大嫂（余天的妻子李亞萍），大嫂就馬上打電話去家裡問說，余龍在家嗎？家裡的人回答，余龍到現在還沒有回家。已經凌晨四點多，余龍卻還沒有回到家，家人就多少心裡有數了。

打電話通知我的是二嫂。剛聽到這個消息

時，我整個人好像失了神一樣，完全意會不過來，當下也沒有哭，但手腳就是不聽使喚地一直抖、一直抖，心想：「真的是余龍嗎？真的是他嗎？還是我在作夢呢？」換好衣服之後，我趕緊打電話給媽媽，請她陪我一起到醫院去。

凌晨六點多抵達陽明醫院時，我看到的第一幕是，余家人全圍著余龍，婆婆哭得肝腸寸斷，大兒子彥樟也跪在那裡哭。當時彥鋒五歲、彥廷兩歲多，年紀都還小，完全不知道發生什麼事，還天真地到處跑來跑去。

因為余龍是被嗆死的，除了臉黑黑的，身體並沒有任何燒傷的痕跡。當我走到他身邊，端詳著他深邃的五官，我不禁問自己：「紀寶如，妳不是曾經為了這個男人，什麼名啊利啊，甚至是親情都不要嗎？為什麼這個你如此深愛過的男人，現在卻變得好陌生？還冷冰冰地躺在那裡？」

對啊！怎麼會這樣？怎麼會這樣？……終於，激動的情緒再也壓抑不住，我開始抱著余龍一直哭。

「是妳害死我兒子！是妳害死我兒子！」突然，耳邊傳來婆婆嚴厲的指控。

當下，我還無法理解這句話的意思。婆婆又接著說：「就是叫妳回來妳不回來，他才會去喝悶酒，都是妳害死我的兒子……」

我愣住了。看著滿頭白髮，整個人既憤怒又無助的婆婆，我心想，她辛苦養了四十年的兒子，無緣無故被大火嗆死，心中的怨恨可想而知。

沒錯！是我害死了余龍！

繼阿公過世之後，這是第二次我又成了「殺人兇手」。一如紀家人先前對我的指控，婆婆的含淚控訴，像是最高法院三審定讞，沒有任何上訴的機會，我只能扛下這條新增的殺人罪，繼續服刑。

身心飽受折磨，幾度自殘尋死

別人判我無期徒刑，我卻選擇，判自己死刑。

余龍過世之後，有時候我會問最小的兒子彥廷說：「對於爸爸，你還記得多少？」彥廷總是童言童語地回答說：「只要躺在棺材裡面的都是我爸爸。」

因為他的印象一直停留在余龍告別式當天，爸爸躺在棺材裡面，然後家人一直跟他說，叫爸爸、叫爸爸；至於大兒子彥樟和二兒子彥鋒，對爸爸最深的印象是，爸爸會幫他們

掏耳朵。而且余龍從來沒有大聲罵過小孩，都是我在扮黑臉。

每當看到這三個孩子流露出對父愛的渴慕，我心裡的愧疚感就會加深，經常不斷自責說：「若是當初我沒有選擇離開，余龍就不會這樣了。」

內心的懊悔自責已經夠讓人窒息了，夜闌人靜，婆婆說的「是妳害死我兒子！」那句話，還不斷在腦海縈繞，讓我不知道該拿自己如何是好。

「那就喝酒，用酒精麻醉自己吧！」我想。

當時，為了撫養三個孩子，我跑到酒店去上班。雖然掛的是公關副總頭銜，但實際上就是要負責幫客人安排小姐來坐檯。頂著紀寶如的光環到處招呼客人，即使未必得陪客人喝酒，我自己卻一杯接著一杯，而且還專門挑最大杯的來喝。

人說「藉酒裝瘋」，還真有那麼一點道理。當時大兒子彥樟和二兒子彥鋒都住在公婆家，小兒子彥廷也和我爸媽住在一起，偶爾趁著假日才會來租屋處找我。但每次看到我這個媽，不是喝醉酒，就是在發酒瘋。甚至我還會打孩子出氣，痛罵他們說：「若不是因為你們，我也不用這麼辛苦跑去酒店上班，早就可以死了，一了百了，就是你們拖累我的……」

剛從余家搬出來，和爸媽住在一起的那幾個月，我也是喝了酒之後，就把所有的家人都數落一頓。

我會罵爸爸說：「你沒資格當人家的爸爸啦！娶那麼多老婆……」罵媽媽說：「妳沒有用啦！當人家的小老婆就算了，還不懂得愛自己的孩子……」罵兄弟姊妹說：「你們很無情啦！都不會關心我、也不會照顧我……」

我痛恨每一個人，覺得大家都對不起我，但事實上，我最恨的人是紀寶如。曾經有好幾次，我隔天醒來，發現自己躺在一片血泊中，因為前一天晚上，我拿著刀子試圖割腕自殺。還有一次，我想放瓦斯自殺，不小心引發火災，還驚動了消防車來救火。

當一個人尋死的決心越來越強，擋也擋不住。為了搜集安眠藥，但又怕被人家認出來，我還曾經頭戴假髮、臉戴口罩，掛著一副大墨鏡，跑到一家一家的藥局去買藥。累積到一個量之後，就一口氣吞了，結果，還是被救活。

直到有次，因為跟當時交往的男友吵架，為了威脅他不准走，我從二樓半跳下來，擺明就是要跳樓自殺。最後，人沒死，卻因此摔斷右腳的腳踝，打了一根鋼釘，必須杵著拐杖長達一年多。幸好，當時妹妹紀麗如已經搬來跟我一起住，才有人幫我洗澡、打理生活大小事。

但如今想到真的覺得很可悲，當時都已經傷成那樣，我還是兩、三天就往酒店跑，喝得爛醉如泥。這種醉生夢死的生活，前前後後過了長達十二年。期間，我也不是沒想過要脫離酒店。我曾經跟麗如、狄鶯一起在台北市延吉街，合開一家叫做「牛寶貝」的火鍋店，但經營不到半年就倒了，好不容易在酒店賺一些錢，又賠到副業去。加上我和麗如的個性都比較衝，常常兩個人喝了酒，一言不合就打起來。有次，她還抓我的頭去撞電視，隔天起來，我的額頭腫一個大包。

其他家人很少過問我的情況，只有媽媽，很久才會打一次電話給我，關心一下近況。如今回想起來，我也不知道那段時間是怎麼撐過來的，只記得，我幾乎是天天醉，然後三天兩頭就鬧自殺。雖然有好幾次，自殺後都幸運被救活，但躺在病床上的我，早已經和一個死去的人沒什麼兩樣。

人是活的。心，卻是死的。

第三幕

絕處逢生

寶如的人生幾經波折，一直到認識上帝之後，殘破的生命才出現了轉機。

「我恨紀寶如！」恨到巴不得讓她從這個世界上消失。

在酒店工作時，喝醉酒，只要看哪個客人不順眼，管對方是何方神聖，拿起酒我就直接朝對方的臉上潑過去，把客人都得罪光了。曾經有一次，我又潑客人酒，客人吞不下那口氣，直接拿起一隻玻璃杯就砸向我的臉。銳利的玻璃刮傷了我的整張臉，眼睛還差一點被刺瞎。緊急送醫之後，包括眉毛、鼻子在內，一共縫了一百多針，傷疤至今都還清楚可見。

表面上，我什麼都不怕，然而，半夜回到家關起房門，我卻又常哭到歇斯底里，聲音大到足以驚動街頭巷尾。那種對生命徹底絕望的感覺，就像瞬間跌落到萬丈深淵一般，所有的不安、焦慮、恐懼、怨恨……，這時全都化身為手持長矛的鬼差，交互凌遲著我那攤倒在地、奄奄一息的靈魂，時不時還會發出得意的訕笑。

真正的地獄，也不過如此吧？

正當我閉上眼睛，準備受死的那一刻。突然，一道強烈的曙光落下，奇妙的事情發生了。

遇見貴人，人生出現轉機

時間，是在二〇〇四年的某一天。

我還在酒店上班的時候，同時也和藝人好友狄鶯投資了一家 SPA。原本想靠著投資來轉行，以便盡早脫離八大行業，沒想到，SPA 一開始投資就兩、三百萬，每個月還虧個幾十萬。SPA 沒賺錢就算了，還得拿我在酒店賺的錢去填虧損的洞。這樣下去也不是辦法，多方打聽之下，知道喜悅集團的董事長黃馬琍（人稱 Mary 姐），她旗下的 SPA 館都經營得有聲有色，因此被外界冠上了「SPA 女王」的稱號。

當時透過喜悅集團副董事長楊智茵（現為合一教會傳道人，人稱 Linda 姐）的引薦，我和狄鶯來到了位於忠孝東路四段和敦化南路口的集團總部。

第一次見到 Mary 姐時，就覺得她是一個生意人，但是很親切，當我們在大談希望把店頂出去的時候，Mary 姐突然開口對我和狄鶯說：「我覺得妳們很不快樂。來！我先為妳們兩個做祝福禱告。」

聽到這句話的時候，我和狄鶯都傻了，心想，這個人是不是信主信得太迷了？怎麼才第一次見面就要幫我們祝福禱告呢？

「Mary 姐，謝謝妳的好意，但真的不用了……」我和狄鶯百般推辭，尤其是我，「Mary 姐妳也知道，余家都是拜拜的，我們紀家也是，所以真的不太適合，妳的好意我們心領了。」

但Mary姐堅持要為我和狄鶯祝福，最後我們還是答應了。令我意想不到的事情，也就是在此時開始發生……

三人座的沙發椅上，我的身旁一邊是狄鶯，另一邊是Mary姐，Linda姐則是坐在我的正前方。

這是生平第一次，有人主動開口為我禱告。當Mary姐叫我們手牽著手，閉上眼睛時，我開始聽到一個初次認識的朋友，真心誠意的祝福禱告聲。雖然在當時，我不知道Mary姐的禱告內容是什麼，但眼淚卻嘩啦嘩啦地掉下來，我一直哭、一直哭，覺得心好熱、好熱，彷彿有一股烈火在燃燒。更讓我無法理解的是，當時還感覺有一雙溫暖的雙手擁抱著我，頓時讓我感覺好溫暖、好溫暖，心中湧起一份這輩子從來沒有過的寧靜和平安。這份擁抱就像一位慈祥的爸爸，將女兒緊緊摟在懷裡一般，我那打從出生就一直缺乏的父愛，在那一刻全得到了滿足。

約莫幾分鐘的時間，我完全沉浸在這樣子的擁抱裡。到底是誰在抱我呢？我睜開眼睛，瞄了一下週遭，發現其他三個人都還是好好坐在位置上，彼此的手也還牽著。

那是誰？是誰的一雙手緊緊抱住我呢？

第一次感受父愛擁抱

狄鶯也哭到不行。

平常待人處事像個大姐頭的狄鶯，個性大剌剌的，豈是那麼容易掉淚的人？但在Mary姐的禱告中，壓抑的情緒似乎也得到了空前釋放，不計藝人形象，她也是整個人放聲大哭。

老實說，我完全記不起Mary姐當時的禱告內容是什麼，印象中，大概就是一些聖經中的經文和話語，像是請神為我們在曠野開道路之類的話。照理，對於非基督徒來說，既然聽不懂也記不得聖經中的話語，自然就不會在內心產生什麼共鳴，怎麼還會哭到不行呢？還有，回到先前曾提過的那個問題：到底是誰用一雙厚實的臂膀擁

寶如的生命因為遇到了喜悅集團董事長黃馬琍（左二），才有機會認識神，讓生命邁向新生，被喜樂充滿。

抱我，讓我沉浸在溫暖的父愛中呢？

禱告結束後，我都還來不及向 Mary 姐提出上述的疑問，她就了然於心，直接開口告訴我答案。

「上帝很愛妳！」Mary 姐溫柔地拍拍我的肩，接著說：「這個星期日到我們的教會來吧！」

直到今天，我都還清楚記得 Mary 姐當時說的第一句話：「上帝很愛妳！」這句話彷彿一帖特效藥，改變了我下半輩子的人生。

一開始到教會，我都是坐在最角落的位置，總是趕在聚會結束前，就提早起身離開，以免讓其他人認出我來，當時的我，只能靜靜地享受和神之間的關係。後來，在教會一位姊妹的邀請下，我才開始參加小組聚會，在小組當中感受到如家人般的擁抱和關心。

那種感覺真的很奇妙。從小到大，大人抱我的時候，不是說「妳好可愛喔！」不然就是捏捏我的臉，我不曾在那些人的擁抱中，感受到任何的愛。但來到了小組，不管是邀請我的 Jenny 姊妹、Mary 姐（現為合一教會長老）、Linda 姐（現為合一教會傳道），還是 Margaret 姊妹（現為朱師母，合一教會朱奔野牧師的妻子），她們在擁抱我的時候，是那麼真誠和溫暖，讓我感覺到她們是愛我的。

還有一點，讓我印象很深刻。一如我先前曾經提到，自己沒有讀過什麼書，但在小組聚會的時候，大家一起坐下來念書（讀書會），那種感覺真的好棒！過程中，還會一起分享和禱告，雖然我只會在一旁靜靜聆聽（當時還沒完全敞開自己的心），但是看到大家這麼坦承分享自己，這種彼此信任和支持的親密關係，還是多少觸動了我。

不過，說老實話，當時我並沒準備好要受洗，或是渴慕成為基督徒。只因為Mary姐說：「寶如，受洗啦！」我就報名了。Mary姐是我生命當中非常重要的一個人，雖然平常沒什麼聯繫，但每當在小組或是主日聚會見到面，她都會給我一個深深的擁抱，讓我很有安全感，所以當她鼓勵我受洗，我二話不說就答應了。

在Mary姐為我祝福禱告後的三個月，二〇〇四年三月二十七日，我受洗成為了基督徒。那一年，我四十二歲。

也就是在那個時候，我的生命一點一滴在改變，最明顯的，就是酒後自殘、自殺的頻率減少了。後來，喝酒的方式也開始克制，常常一伸手要去拿酒杯時，就會有一個聲音提醒自己說：「孩子，喝酒喝開心就好了，不要喝太多。」

更重要的是，當時我有跟一個男人交往，對方已婚，我當了好幾年的小三，儘管內心痛苦萬分（因為自己的媽媽也是人家的小老婆），兩人分分合合，還是無法說斷就斷。那段期間，靠著信仰的力量，我終於下定決心，和那個男人徹底脫離關係，不再往來，重拾坦蕩蕩的人生。

這一切的改變，單憑我自己的力量，絕對做不到。上帝拯救我的第一步，就是讓我學習先跟自己和好。

在絕望的盡頭，看見希望

當初為什麼想尋死？因為，沒有盼望。

從小，我就不知道自己為誰而活，從懂事之後，阿嬤叫我去演戲，我就去演戲，叫我轉型去當歌手唱歌，我就開始去唱歌；拍戲時，導演叫你哭你就要哭，叫你笑你就要笑，凌晨三點鐘把你從香甜的睡夢中叫起來演戲，不管再怎麼想睡，還是得起來乖乖配合演出。

不管對誰，我永遠都只能「Say Yes」，完全不知道什麼是「做自己」。但真的開始嘗試做自己之後，人生的際遇似乎也沒好到哪裡去。

十八歲時我鼓起了生平最大的勇氣，跳出來捍衛自己的人生——嫁給余龍。婚後，卻

大肥嬤。仔細翻找過後，寶如才發現，自己這輩子竟然不曾與她合影過，找不到半張合照來留念。

又先後歷經大兒子罹患「先天性腹裂症」、余龍感情的背叛；更令人意想不到的是，我們才簽字離婚沒多久，他就在一場火災意外中喪生，就此天人永別……。

成了單親媽媽之後，我極度渴望去愛三個小孩，卻又因為自己的不成熟，常常讓愛成了傷害，內心的矛盾和煎熬與日俱增；在父母的眼中，我就像是個廢人。當時因為搬離余家，無處可去，曾經短暫和家人同住幾個月。那段時間，也是能不見面就盡量不要見到面，偶爾碰頭，也只是開口問聲：「吃飽沒？」絕對不會再有第二句話。

至於曾經搬到余家和我們同住的大肥嬤，早在我離開余家之前，就搬出去住。阿嬤則是還住在艋舺，因為我對阿嬤一直不是很諒解，所以幾乎沒什麼來往。

在余龍死後的十二年間，我不斷地有輕生的念頭和舉動，不是因為怕承擔照顧三個小孩

年輕時的寶如爸爸和寶如媽媽的合照。

的責任，而是痛恨紀寶如這個人，她的人生完全沒有盼望。既然如此，那何不從這個世界上消失？

然而，「人的盡頭，就是神的起頭」。在我受洗認識神之後，所有埋藏在內心深處的怨恨、苦毒、絕望、恐懼……全都被從神而來的話語所光照，一如聖經中〈約翰福音〉12章46節耶穌說：「我到世上來，乃是光，叫凡信我的，不住在黑暗裡。」

唯有放下怨恨，才有辦法走到跟家人和好的這一步，尤其是對於我的爸爸。

差不多是在受洗兩年後，有一天，趁著全家聚在一起小酌，略帶一點微醺，我鼓起勇氣開口問說：「爸爸，你以前為什麼不愛我？」

寶如與爸爸合影。直到寶如受洗兩年後，她和爸爸的破碎關係才得以修補。

「女兒啊！我當然愛妳啊！妳是我生的，我怎麼會不愛妳呢？」爸爸嘆了口氣又接著說：「但妳以前看我的眼神總是充滿恨和怨，妳的眼神已經把我遠遠推開，不過現在妳改變了。我愛妳，我當然愛妳啊！」

聽了爸爸的回答，我就一直哭一直哭。我已經忘了是我抱著爸爸，還是他主動抱著我，我只記得，那一晚是我出生四十幾年以來，我們父女倆第一次擁抱。當下，不只所有的怨啊恨啊都沒有了，那種溫暖的感覺也讓我回想到Mary姐第一次為我禱告的時候，有一雙無形的手抱住我，也是好溫暖、好熱。

原來，當時是阿爸天父先用祂的父愛環抱著我、醫治我；如今，我才有機會等到來自於

親生爸爸的一個真實擁抱。

信主重生，主動跟家人和好

從小，我就不常到學校念書。生平第一次認真看的書，大概就是聖經了。

受洗後，牧師送一本聖經給我，教我從〈詩篇〉和〈箴言〉開始看。巧的是，當我第一次翻開聖經的時候，正好就看到〈詩篇〉30篇5節的經文：「因為祂的怒氣不過是轉眼之間，祂的恩典乃是一生之久，一宿雖有哭泣，早晨便必歡呼。」

看到這段經文的當下，我又哭了。我清楚知道，原來，過去再多的不堪，都可以在轉眼之間被寬恕；原來，每一個暗夜的哭泣，都是為了迎接明日重生的喜悅。

既然神都可以無條件地寬恕我，那，我為什麼不能寬恕阿嬤過去對我的傷害呢？和爸爸和好之後，我也開始經常回去艋舺探視阿嬤。漸漸地，我們的關係越變越好。尤其當我看到，當時已年過八十的阿嬤，身體一天不如一天，我不禁在想，人生在世，不過數十寒暑，何苦要用恨來緊緊綑綁彼此呢？

或許是出於愧疚，阿嬤也經常為我擔憂，每次見到我，總是老淚縱橫地說：「阿嬤就是

童星階段的寶如，經常把四嬸嬸當成台傭，呼來喚去。重生之後，寶如放下驕傲，由衷感謝四嬸嬸早年對她的照顧和包容。

對妳不好，害妳都沒有存錢，妳以後要怎麼辦啊？」

為了不讓她擔心，我還會反過來安慰她說：「阿嬸，沒關係！我的日子還過得下去……」

需要主動尋求和好的，還有余家人。公公和婆婆一直覺得，余龍是被我害死的，所以我也回去請求公公的原諒（當時婆婆已過世）。我跟他講過說：「爸爸，我對不起你，我沒做好余家的媳婦……」雖然和余龍離婚之後，在法律上我已經不算是余家媳婦了，但我還是會常打電話向公公問候或是陪他吃飯。公公甚至還曾親口對我說，在他心目中，我已經如同余家的女兒，讓我聽了很感動。

另外，就是余龍的大哥、我的大伯，余天。雖然我們不曾有過什麼正面衝突，他曾說過他非常不解，為什麼我會在余龍最不好的時候，放下這個家一個人離開？後來我有解釋當時的情況，其實只要有心和好，哪怕第一次、第二次不被接受，關係還是會慢慢改善。

二〇〇七年，大伯以藝人身分角逐立委，我的腳剛好扭到，還是挨家挨戶幫忙拜票，我們之間的情感就像家人一樣，不分彼此。只要自己願意先付出，對方就會看見和好的誠意。

相較之下，要修補和三個兒子的關係就困難多了，畢竟，他們和我最親近，從小到大受的傷害最大、最深。一切只能回到那句老話：「種什麼因，得什麼果。」

長子不堪長期壓力，爆發躁鬱症

出生以來，大兒子余彥樟的成長過程就比一般孩子來得辛苦。才剛歷經「先天性腹裂症」的治療大手術，幾個月後，又因為「先天性白內障」開刀，造成一眼遠視、幾乎看不清楚，從別人的角度看來，會覺得他好像有斜視的感覺，造成他多少有一點自卑。

十二歲那年，余龍在火災中喪生，阿公阿嬤失去一個兒子，就把他當作余龍來看待，深怕一不小心就失去這個孫子。所以某種程度上，他跟我小時候一樣，沒有經歷過外面的生活，不能跟同學一起出去吃飯。

他的壓抑絕對不是一天造成的。

和阿公阿嬤住在一起時，阿公常會跟他說，他爸爸以前有多厲害、多會賺錢，他身為長子，一定要扛起這個家的責任，照顧兩個弟弟……；偶爾到台北和我一起住，又得面對我酗酒後，發狂式的打罵。

十二歲到十六歲青少年應該會叛逆的時間，他都沒有，所以一爆發就非常嚴重。

爆發之前，他已經連續一個禮拜晚上都不睡覺。第八天，他從新竹坐車到台北來找我，打算來住個兩、三天。也就是在那個晚

信主之後的寶如，不只和家人的關係修復了，家人之間的情感也更加融洽和團結（左起分別為寶如的大媽、紀媽媽、紀爸爸、三媽，寶如）。

上，我又從酒店喝得滿身酒氣地回到家，看到他又不睡覺，我整個人氣瘋了，對著他又是一陣狂打。那時候的他，已經開始有點恍惚，但當時我自己也像是患了精神病一樣，明知道他狀況不對，還是無法以一個媽媽的角色去體會，因為我這個當媽的都已經救不了自己了！

隔一天，我又喝得酩酊大醉，回家看到他沒睡，氣得對他又打又罵，「你為什麼又不睡？你是我生的，我叫你睡，你就要睡！」

彥樟的情緒已經直飆沸點，再也壓抑不住，「啊——」在大叫之後，他開始拿自己的頭去撞牆，一直撞、一直撞，整個人好像癲癇發作一樣，完全控制不了，要抓也抓不住，那時我才驚覺，事情真的嚴重了。

當時沒有其他人在家，我趕快打一一九，救護車把他送到榮總。一住進去的時候，醫生先幫他打了鎮定劑，讓他連續睡了兩天。但是當他醒來，一睜開眼的時候，卻完全喪失所有的功能，不僅連人都認不得，還一直流口水，連吃飯也要人家餵。更別說，連上廁所這件事也得靠人家幫忙。

「這個小孩子怎麼變得像白癡一樣了？」看著一個正常十六歲的孩子，一下子退化到像一歲小孩一樣，我整個人傻掉，心想，天啊！我到底是造了什麼孽啊？

醫生告訴我，彥樟罹患了躁鬱症。住院期間，他會很躁動，但因為打了鎮定劑，所以動作是遲緩的。講話的思緒邏輯也不對了，你跟他講說：「吃飯了沒？」他會答非所問回答說：「洗臉盆還沒洗……」

住了四十幾天後，彥樟出院回家，雖然狀況還是時好時壞，但至少基本的功能稍微恢復。他開始可以自己上廁所，但沒辦法清理得很乾淨，還是得靠我和他的兩個弟弟輪流看顧。

十六歲到二十五歲這段期間，彥樟大概發病四到五次，每次一住進精神病院就要一個多月。加上躁鬱症藥物的副作用影響，沒發病時的他，講話也是結結巴巴，手還會一直抖、一直抖。連正常生活都有困難，更別說出去工作。

每次他只要一發病，連我們都會認不得，晚上也不睡覺。曾經有一次，他連續出去兩天，怎麼找都找不到人，我們都快急瘋了，最後只好報警，動員警察一起幫忙找。最後是在家附近的公園找到他，當時，他像個流浪漢一樣窩在公園睡覺；還有一次，我們帶他出門，走著走著，他突然爆衝，一個人跑得飛快，兩個弟弟見狀，趕緊追在後頭，費了好一番力氣才抓到他。

但偶爾，也會有措手不及的時候。像是有一次在等捷運，人潮很多，當我們都還在排隊準備上車時，他又突然一個人衝進車廂裡，然後就坐捷運走了。當時他一失蹤就是兩、三個小時，沒有人知道到哪裡去找他，我只能沿路一直找、一路哭著回家。幸好，沒多久他就乖乖回家，才結束一場虛驚。

攜子走進教會，孩子的病得醫治

彥樟最後一次發病，是二〇〇三年阿嬤過世的時候。從小，阿嬤就非常地疼愛他，就連彥樟已經十幾歲了，阿嬤還是會幫他添飯、放洗澡水，什麼都幫他打理得好好的。這也就是為什麼彥樟承受不了失去阿嬤的打擊，又爆發了嚴重的躁鬱症。

我不知道如何當一個好媽媽，更別說還要兼顧爸爸的角色。我對彥樟這個孩子一點辦法也沒有，最後只好放手一搏，把他帶到教會；如果連我都可以被神醫治，兒子應該也可以。而且我知道兒子很缺乏愛，當時的我也是缺乏愛，實在沒有辦法去愛人——講起來很可悲，因為我沒有辦法好好愛彥樟，所以需要大家一起幫忙我來愛他。

剛把兒子帶到教會的時候，因為本身信心還不夠，要承認他就是我的兒子，老實說還真有點難為情。但是當自己選擇勇敢面對了，一次、兩次、三次，最後也就沒有什麼過不去的了。尤其是，當看到教會弟兄姊妹這麼無條件在關心彥樟時，久而久之，也會比較懂得以欣賞的眼光去肯定自己的小孩。

過程中，讓我非常感動的事情有很多，像是在彥樟精神狀況還不是那麼穩定的時候，經常會在三更半夜打電話給教會的弟兄姊妹，他們不僅沒有生氣，還耐心地聽彥樟說話、陪他聊天。反觀身為媽媽的我，不僅做不到這一點，就連要和彥樟一起吃飯都沒辦法（當時彥樟和阿公阿嬤住在一起），原因是我常會看不慣他的行為舉止，什麼都嫌，罵到最後，相處氣氛就會變得很僵。

我從來不懂得要稱讚兒子，但聽到弟兄姊妹常常當面稱讚彥樟說「哇！彥樟你好棒喔！」或是說「彥樟，你進步好多喔！」我才慢慢學習成為一個會鼓勵孩子的媽媽。現在我和兒子們通電話，常常會以寶貝相稱，並且告訴兒子們，我很愛他們。

唯有愛，能帶來醫治和改變。在教會這個溫暖的環境下，彥樟也越變越好。從起初到教會，經常會在牧師講道的時候走來走去，引起人家注意，甚至沒來由的大喊「哈利路亞」；到後來，不僅可以停止服用躁鬱症的藥，在教會參與服事，還順利找到工作。

更棒的是，以前不管是對外人還是對家人，他經常會以「我是病人，所以你要讓我」為由，放任自己的態度和行為；但現在他不會了，因為他知道，神要帶著他慢慢好起來，所以他必須開始像個成熟的大人，對自己的生命負起責任。

被母愛感動，次子偏差心態得矯正

相較於彥樟，兩個弟弟因為比較會看臉色，看到我喝酒回家，就會乖乖躲起來，所以比較少挨罵和挨打。然而，動盪的家庭環境，多少還是造成孩子內心的傷害，尤其是二兒子彥鋒，上了國中之後，開始出現行為偏差。

起初，他先跑去打一堆耳洞，後來又打了鼻洞和舌洞，讓我非常無法接受，因為我看得出來，他的動機其實是在傷害自己。之後，他又開始吃搖頭丸，精神恍惚到幾乎認不得人，讓我好心痛。

短短的幾年，彥鋒就從自己吸毒，到後來開始販毒。發現這件事情的時候，我真的是又急又氣，但勸又勸不聽，擔心他繼續沉淪下去，最後只好心一橫，自己打電話報警抓他。

若是妳也同樣身為母親，一定能體會那種心情有多痛！當我看著彥鋒被警察帶走，家裡的門一關上，我心碎地哭到不能自己。我的心肝寶貝啊！我心頭的一塊肉啊！媽媽這麼做，

彥樟（左）和彥廷（右）到監獄探視彥鋒（中）。當時寶如帶領協會志工去探訪，無法前往，貼心的兒子們特地請人拍照給媽媽看。

究竟幫了你？還是害了你啊？……

曾經，彥鋒也對我非常不諒解。他說：「妳是我的媽媽耶！為什麼妳會忍心報警抓我呢？」

我說：「我明知道你在吸毒，卻沒有教導你這是錯誤的事情，那我就是害你一輩子。現在你或許沒辦法原諒我，很恨我，但是你應該知道，這個就是殘害身體，最痛的就是媽媽的心，畢竟身體髮膚受之於父母啊！」

那時候會報警抓他，是真的沒有選擇。因為我不能再看他這樣子傷害自己、迷失自己，甚至吸毒吸到連我這個媽都不認得了。

後來，他不只吸毒，還賣起了毒品。二

○一一年初，被判刑兩年多，關進位於桃園龜山的台北監獄。

我不會開車，每次要從台北到龜山去探望他，不是坐火車就是坐巴士。從台北到龜山，來回就至少要花上兩個小時以上，但真正見到他的時間也不過才二十分鐘。之前是一個禮拜去探望一次，後來是一個禮拜去兩次。舟車勞頓真的很累，但沿途我常在想，凡走過必留下痕跡，以前少給孩子的愛和關懷，現在都要加倍彌補回來，所以我實在沒什麼好抱怨。

幸好，彥鋒也慢慢體會到我的愛和用心。有次，透過監獄的電話筒，彥鋒還對我說：「媽媽，我只為妳一個人而活。妳從五歲半就開始賺錢，公務員也不過需要工作二十五年就能退休，妳都已經工作四十五年了，還沒有辦法退休。所以妳只要記得，我現在所賺的錢都是為了妳，也只為妳而活……」

隔著一道透明板，電話這一頭的我，早已經淚流滿面，久久無法言語。一直等到情緒稍微平復之後，我才緩緩地開口對他說：「兒子啊！你不要為我而活，你為我而活會找不到你的生命價值，不知道你活的意義在哪裡，那是不對的！你唯一要做的，就是找到你自己的生命價值，那才是我最希望的。」

曾經，我哭著跟神說：「祢都已經讓我服事了，為什麼不趕快讓我的兒子認識祢呢？」

但神告訴我，彥鋒有他的時間表啊！不只是我自己要去經歷祂的大能，兒子自己也要這樣子來經歷祂，才會知道這個神偉大在哪裡！

在台北監獄服刑的這兩年多，看似失去了自由，但對彥鋒來說，何嘗不是一個生命轉變的契機？

看見苦難背後的祝福

我一直堅信，神會在彥鋒身上有奇妙的作為，一如祂當初出手拯救我一樣，祂也必會出手拯救彥鋒。只是每個人都有自己的時間表，而且，神賦予人自由意志，生命想獲得真正的救贖，前提是，要先有一顆願意的心。

我，就是一個最好的例子。

信主一年後，我脫離了酒店工作，到台灣仁本殯葬禮儀公司擔任公關副總。前三個月，我是先用兼職的方式，一個月賺三萬塊，第四個月開始全職，才開始每個月領六萬。

比起先前在酒店，一個月隨便都可以賺個十幾萬，新工作的薪水稱不上優渥，但我卻甘之如飴，因為我終於可以「自由選擇」自己想做的事情。

我不是禮儀師，不用處理太多生離死別，主要都是在做志工和對外的形象推廣。醫院的殯葬業務都是用標案，禮儀公司為了給院方好印象，會不定期舉辦一些活動。那時候我就會找來一些資深藝人像是徐風、向娃、林松義來做這一塊，唱老歌給老人家聽，院方和老人家的回響都很大。

我第一個當志工的醫院是在台北榮總，後來也陸續去了萬芳醫院、北醫、馬偕。還記得，第一次去加護病房探訪時，是為一個十七歲的年輕人禱告，他因為不小心出了車禍，頭部開刀，陷入昏迷。我們每個禮拜一都會固定去為他禱告，也安慰他的媽媽，後來那個小孩子從原本昏迷指數只有三的無意識狀態，半年後進展到會流眼淚，還會開始發出聲音，讓我們都開心極了。這段經驗也帶給我很大的鼓舞，感覺上好像一個人只要活著就有希望。

我也曾經看過一個老人家，不知道罹患了什麼病，全身都發黑、皮膚還潰爛、脫皮。照理說，一般人看到那樣子會很害怕，但我一見到他時，內心卻升起了一股憐憫的心。那個人的眼睛看著我，似乎希望我能伸手去撫摸他，我就主動握著他的手，為他禱告。沒多久之後，他的皮膚就整個好了，還健健康康的出院。

但並非每個人都那麼幸運。有很多安寧病房的人，兩個禮拜前才帶著他禱告、餵他吃飯，兩個禮拜之後再去，人就已經過世了。

當一個人看多了生老病死，悟透生命的短暫和無常，對於自身遭逢的苦難，就變得比較能夠接受和釋懷。特別是當我在安養院看到一些植物人，明明人是清醒的，身體卻動也不能動，那種靈魂被囚禁的日子，才真的叫做生不如死。

看看他們，再想想自己，只要活著、還能夠動，有什麼困難過不去呢？

人，之所以覺得痛苦，是因為我們常常過度放大了自己的問題。然而，當我們試著透過關懷和付出，跳脫既有的生命格局，去參照別人的生命樣貌時，你會發現，其實「家家有本難唸的經」，每個人都有自己的生命難處要面對。

重點是，你有沒有看見那份隱身在苦難背後的祝福呢？

主動付出，逐漸拾回破碎的生命

祝福，有時會以一種苦難的形式降臨，即使一開始看不出來，但時間就是最好的顯影劑，遲早會將真相攤在眼前。

余龍的死，一直讓我很難以釋懷。直到二〇〇五年五月一日，以《黃金拍檔》節目「七先生」一角爆紅的男藝人倪敏然，被發現在宜蘭頭城上吊自殺。當我看到他的妻子李麗華的無助時才了解，原來我的喪夫之痛，竟可以成為她的助益。

雖然一樣是藝人，早期也曾經一起同台作秀，但在這之前，我和李麗華其實一點都不熟。但是當倪哥的事情發生之後，我看到麗華整個人都亂了，完全是我當年失去余龍時的翻版，不知道失去丈夫之後，日子要怎麼繼續過下去。

首當其衝的，就是經濟問題。那時我還在台灣仁本擔任公關副總，就跟公司老闆陳原先生及大伯余天討論，一起幫倪哥辦一個追思音樂會，號召大家捐款幫助麗華和兩個孩子，讓母子三人的經濟可以先穩住。

追思會辦完之後，麗華就躲回美國。但我知道那個不敢面對大眾的逃避心態是不好的，大嫂李亞萍就幫她找了一個購物台的工作，一個月十幾萬，再加上台灣仁本的公益大使代言，每個月五萬，收入已經算是很不錯，所以她回去半年後就又回台灣工作了。

生離死別的痛，若非親身遭遇，一般人真的很難體會。那段陪伴麗華走過傷痛的日子，我們兩個人常說著說著就抱在一起痛哭，我們感情會那麼好，就是在那個時候建立起來的。

更讓我意想不到的是，在幫助麗華的過程中，其實我自己也得到了很大的安慰。

最主要的原因是，余龍突然過世的那段時間，我非常非常地無助，我想求救，卻沒有人可以幫助我。但藉由陪伴麗華度過最無助的時刻，讓我內心得到很大的彌補和修復。那時我才發現，原來我並不孤單，還有人和我一樣，需要被幫助。

二〇〇七年二月二十三日，知名音樂人馬兆駿突然因為心肌梗塞，送醫不治死亡，留下馬嫂郭美瑋和三個孩子。當時我不認識馬嫂，但我知道那種身為孤兒寡母的痛，就主動出面去安慰和幫助她。

不管是幫助麗華和馬嫂，還是到醫院、安養院做探訪，透過一次次的付出和關懷，也在幫助我去碰觸內心最深層的那一塊，讓我勇於面對過去那個不堪的自己。一點一點找回自我價值的過程，就像是破碎的生命，被一片一片拾起。

第一次，我發自內心地愛上這個人。

愛上，紀寶如。

五分鐘的見證

以「天才童星紀寶如」的名號重新站上舞台，述說自己那段從絕望到重生的生命故事，

是在高雄鳳山的一個山區。我的第一場生命見證，長度只有五分鐘。

當時的機緣，是因為主內弟兄尹可名的邀請。他服務的機構在高雄鳳山舉辦福音佈道會，現場請來了基督徒藝人郜正宵，以及藍心湄的姊姊組成的樂團來表演，至於我，則是負責上台做見證。

為了那場五分鐘的見證，大清早，我就得從台北坐巴士南下到高雄，再轉車前往山區。單趟路程就花了至少五個多小時，還自掏腰包付車錢。這行為在一般人眼中看來，應該會覺得我很傻。確實，當時我自己也那麼認為，所以沿途中還不斷責罵自己是笨蛋。

好不容易抵達現場，輪到我上台。拿起麥克風，我講的內容其實也很簡單，大概就是講說：「我從小拍戲，嫁給余龍之後他就被火燒死了，然後我就帶著三個小孩子，那時候酒精中毒常常自殺，但死又死不掉，可是忽然間有一天我認識了上帝……」

一開始先輕描淡寫地把故事帶過去，然後我又接著說：「我認識主才一年多，這是我第一次講見證。坐了五個多鐘頭的車子，一路上

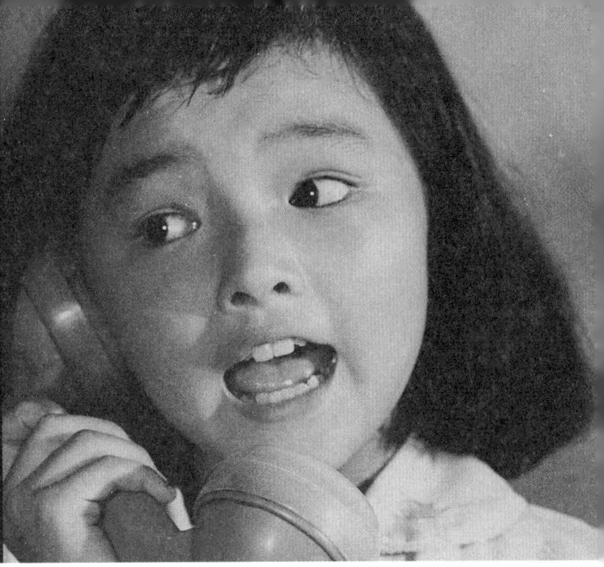

我不知道我為什麼要來，也不知道要講什麼才能夠讓你們認識上帝。我自己經濟也不好過，還要自己出車錢，因為我跟人家講我完全不要費用、也不要車錢，所以來的路上我一直罵自己笨蛋、笨蛋、笨蛋。但，我真的希望你們可以認識上帝，不要白白受那麼多苦……」

因為太緊張的關係，我已經忘了台下民眾的反應是什麼，只記得講完的時候，牧師有做呼召，問現場一百多個的民眾當中，有沒有人願意決志信主？當時舉手的人就高達二十幾個，比例大約四分之一。

這麼多人願意決志信主，讓我非常受激勵。返回台北的路上，天色已暗，雖然還是一樣五個多小時的車程，也還是一樣自付車資，心情卻已經大不同。

巴士在公路上疾駛，儘管窗外的風景幽暗不明，一如我當時的人生也尚未明朗。但內心卻出現一個堅定的聲音，說：「我不是笨蛋、我不是笨蛋，這樣子的事情，我以後還要繼續做下去。」

受邀赴美見證，過程一波三折

接下來的見證邀約，從來沒有斷過。

令我印象最深刻的，是有一次受邀到美國華人教會做見證，雖然過程一波三折，卻也讓我親身經歷到神蹟奇事。

我還記得飛往美國的班機是晚上十一點多。當我拿出護照和美簽給航空櫃檯，準備check-in 拿機票時，航空公司人員卻告訴我說：「小姐，妳的美簽過期了喔！」

「美簽過期了？」起初我還傻傻地，渾然不知道事情有多嚴重，「那我明天一早就去加簽。現在能不能先預訂明天的飛機？」

遇到天兵，航空人員有點哭笑不得，但還是耐著性子向我解釋說：「小姐，美簽光要預約安排就需要三個禮拜的時間，就算面試通過了，也要再等兩個禮拜才能拿到，前後最起碼要花一個多月，絕對不可能明天就拿到啦！」

這下子可糟了！我趕快在第一時間打電話給當時協助安排的朱奔野牧師，請他協助通知美國教會的牧師，告訴對方我恐怕沒有辦法出席這次的佈道會。過沒多久，美國華人牧師就直接打電話告訴我說，這次的佈道會是聯合了當地十幾家的華人教會，少說六、七百人，而且場地都已經預訂了，我又是唯一的見證者，如果臨時取消，事情可能會很大條。「明天就是記者會，我可以先代表出面，但是後面的三場見證會，請妳無論如何一定要趕到……」掛上電話之前，美國華人牧師如此請求。

我難過極了！

同行的三兒子余彥廷，或許是想逗我這個當媽的開心，還故意開玩笑說：「媽，妳不是說妳的神很神嗎？怎麼這時候不神了？」

我說：「兒子啊！神有神的美意，或許神另外有什麼旨意吧？」

回到家之後，我開始流淚禱告。我說：「神！我真是虧欠祢，我如果把你服事的事擺第一的話，我就應該提早確認美簽有沒有過期。主啊！我除了虧欠祢，我還虧欠人，虧欠牧師還有那些華人僑胞。他們一定很愛主，才會出那麼多錢來辦佈道會，我讓人家白白花這些錢，那真的是很大的虧欠。」

最後我向神求：「主啊！如果這趟美國佈道是祢派我去的，是祢的美意，就請祢自己來作主，請顯一個神蹟給我看，讓我知道祢與我同在。」

神蹟展現，完成不可能的任務

隔天早上七點半，我就把彥廷叫醒，請他騎車載我去美國在台協會辦加簽。抵達前，朱奔野牧師已經先透過關係，連繫上美國在台協會裡面的一個行政人員。對方請我先填表格，至於能不能馬上面試，對方說機會不大，只能盡量試試看。

對方又問我，有沒有房子或存款？我答說，沒有。他說，什麼都沒有的狀況下，很難忽然間就讓妳通過。急中生智，我趕緊打電話向台灣仁本的老闆娘借一百萬存到戶頭，把銀行本子刷了，影印之後，隨即又把錢還回去。

在返回美國在台協會的路上，行經羅斯福路時，我先是看到一群白色的鴿子往上飛，然後又聽到一個聲音說：「妳這樣榮耀我，我必成就妳。成了！」

我聽了一直哭、一直哭，就拍拍彥廷的肩膀說：「兒子，我們可以去了，我們可以去了。」

正在騎車的彥廷回頭看了我一眼，回答：「媽，我在飆車，妳在飆什麼淚啊？趕快趕回去辦一辦比較實際，不要哭了啦！」

但當時我就知道，神一定會成就。

果然，第一個奇蹟馬上出現。我打電話給美國在台協會的行政人員，對方說已經排好十一點半面試，從三個禮拜變成三小時就可以面試，不是神蹟是什麼？

但我一進去面試，看到對面坐的是外國人，我整個人就亂了。心想，慘了！我的英文不好，怎麼跟他解釋這麼複雜的事情呢？

面試官開口了。他問：「妳去美國做什麼？」

「For Jesus! For Jesus!」我急著用簡單的英文回答。

他又問：「妳要停留幾天？」

「Four days.」後來想到已經錯過一天了，趕緊修正說：「Three days.」

看面試官都沒提到存款的問題，我又主動把銀行存摺的影本遞給他看。沒想到，他瞄都沒瞄一眼，就推到一邊。這讓我更急了，敲敲透明玻璃，我又向面試官強調一遍，「For Jesus! For Jesus!」

他就說：「妳明天來拿。」

我一聽明天來拿，那還得了，今晚不搭機就來不及了！我就說：「No! No! No! Today.」

他笑一笑，改說：「下午兩點鐘來拿。」

「Thank you! Thank you!」

「呼——」走出面試室的時候，我大大鬆了一口氣，正當心裡還在覺得奇怪，為什麼面試官講的話我都聽得懂？

這時我才意識到，原來對方從頭到尾都是講中文，反倒是我因為太緊張，拚命用破英文在回答。

其實，什麼語言都不重要！因為神已經用祂的方式，完成了一項不可能的任務，那就是讓我在一天之內就完成加簽。

當晚，我再度拖著行李前往航空公司報到，先前那位櫃台人員一見到我，非常驚訝地問說：「妳怎麼又出現了？」

「因為我已經拿到美簽啦，」看到對方一臉不可思議的表情，我接著說：「是我的神幫助我的。」

櫃台人員笑了笑，表情看來還是不太相信。但真的，一切只有神蹟可以解釋。

創辦協會，投入公益行列

藉著海內外佈道之便，我常有機會親臨苦難現場，加上在台灣仁本任職時，常會到各個醫院和安養院當志工。漸漸地，我開始思考：「自己還能做些什麼？」

不知道是不是上帝派來的信差，當時正好有人向我建議：「妳這麼有愛心，我常常看到你會去安養院，然後又去醫院，不如妳自己組織一個協會……」

重生前的我，有滿滿的錢，但沒有愛；重生後的我，雖然沒有錢，卻有滿滿的愛。當時建議我的那個洪姓貴人就成了階段性天使，協助支付協會第一年的所有開銷和辦公室租金。

硬體的問題解決了，接下來就是軟體。

協會的核心精神是什麼？幫助的對象有哪些？為了想出象徵協會精神的 SLOGAN（口號），有一晚禱告的時候我就問神說：「神啊！這個協會的使命是什麼呢？請先給我一句話語吧！讓我知道真正的核心價值是什麼？」

說也奇妙，我的腦海中立即浮現了「讓愛發光，讓生命亮起來」這幾個字。當下我就明白，讓愛發光，指的就是要讓神憐憫的愛發光，生命才有可能亮起來。呼應「台灣優質生命協會」這個名稱，讓一個人的生命變得更優質，就是協會努力的重點，幫助的對象，則是以獨居和身障老人，以及身心障礙的孩子居多。

為什麼我要去幫助老人家？因為我對自己阿公有虧欠。因為以前在安養院，看到老人家很沒有盼望，特別是身障的老人家。每次去探望，他們從不認識妳，到漸漸熟悉，到抱著妳哭，到捨不得妳走，問妳什麼時候還要來？透過和老人家相處的過程，我一直在修復虧欠阿公的那一塊。

為什麼要去幫助智能障礙？則是對大兒子余彥樟的虧欠。我喜歡孩子叫我寶貝姨，因為我最心愛的稱呼就是「寶貝」，我的兒子就是我的寶貝，這些孩子也成為我的寶貝，當然，我也希望能成為他們心中的寶貝。所以他們有的會稱呼我「寶貝姨乾媽」，有的會叫我「寶貝姨」，我覺得這個稱呼是最棒的。

或許，這樣的孩子少了社會主流價值觀的污染，對人、對事都顯得特別真誠。像是有一個女孩子叫做麗蓉，中度智能障礙，年約十七歲，她幾乎每天會打電話給我說：「我好想妳喔！我昨天想妳想到不行喔！」不然就是說：「我想妳想到不能上班……」每天講的內容都大同小異。

有時候她會搭公車到協會看我，只要聽到我喉嚨有點沙啞，隔天就會寄喉糖過來。有次，她拿到了一張協會的捐款單，就跑到郵局去匯錢，她一次捐款三十塊，但光是匯費也差不多要那個錢，而且還每隔幾個月就捐一次。

不只麗蓉。到其他安養院探訪的時候，也會收到老人家或小朋友親手做的手工藝品。他們會把自己覺得最重要的東西送給我，讓我非常感動。

那份樂於分享和相互扶持的愛，不就是世間最珍貴動人的情感嗎？

走進監獄，鼓勵受刑人悔改

兩年多前，我開始投入監獄事工，感動來自於神話KTV縱火兇手湯銘雄。

我曾經非常痛恨這個人，因為要不是他酒後到KTV縱火，余龍也不會死於一場火災意外。但是，當我聽到更生團契的黃明鎮牧師說，湯銘雄要被槍決之前，曾經大喊：「哈利路亞！在愛中沒有懼怕。」再加上，他傳那麼多福音給受刑人，又願意在死後把器官捐贈出來，老實說，我對他所做的事還蠻感動的。

儘管在信仰的洗滌下，湯銘雄已經徹地認罪悔改，但終究他還是被槍斃了，沒有機會再繼續做更美好的見證。但想一想，如果監獄受刑人都能真的認罪悔改，可以節省多少的社會成本啊！

我以一個受害家屬的身份選擇原諒湯銘雄，原諒別人就是寬恕自己，我知道未來在天國，我們還會再見面。

後來我自己的兒子也因為販毒入獄，多了一個受刑人家屬的身分，對於他們的處境我是更加感同身受。

每當我在見證時，講到自己的兒子也被關在監獄裡面，台下的人也哭到不行。我常告訴他們說，其實我已經不在乎別人怎麼看我了，我可以從一個很不堪的生命，轉變成一個志工天使，但自己的兒子卻被關進監獄，這是很大的諷刺，可是我還是願意把它攤出來。我要藉此強調的是，每一個生命個體是不一樣的，當然兒子的走偏，和我過去所造成的錯誤絕對有關，但我和兒子之間的關係是可以修復的，我也正在努力當中。

透過生命見證，我想要鼓勵那些受刑人的是：只要願意，做錯了一樣可以悔改，重新再來；只要願意，和家人之間的關係還是可以修復，重新開始。

差不多每兩個月，我就會到監獄做一次見證，之前已經去過台北監獄、宜蘭監獄、台南監獄、青少年戒護所……等。印象最深刻的，是有一次在青少年戒護所看到一個八歲的孩子被關在裡面。為什麼年紀輕輕就被關？原因是他們父母兩個人都是小偷，經常唆使孩子去偷東西，而且已經連續被抓到好幾次了。後來，父母被抓進監獄關，小孩子也就跟著入獄了。

這不正是人類世代的悲哀嗎？不成熟的父母，教育出不成熟的下一代，如此惡性循環……。除非當中有人願意先轉化生命，探求真實的存在內涵，情勢才有可能出現逆轉。而我清楚知道，我和三個孩子當前的艱困處境，正在逆轉中。

為信仰重返螢光幕，分享真正的愛

人生，之所以耐人尋味，在於你永遠無法預料明天會發生什麼事，接下來的人生道路又會碰到什麼。

如同上帝救贖的到來，完全不在我的預期；從一個洗盡鉛華的藝人，再度重返螢光幕前，也從來不在我的計畫當中。

自從十八歲嫁給余龍，我就告訴自己，再也不要重返演藝圈。沒想到，信主之後，因為公開坦承自己過去不堪的生命，各大媒體的採訪邀約，瞬間湧入。

幾經思索，我還是答應了。理由很簡單，我知道我不是去表演的，當時上節目的原因只有兩個：第一個，我要告訴大家，我的改變是因為神的愛；第二個，我要讓大家知道優質生命協會在做什麼，讓大家知道這個社會還有愛。

以前在螢光幕前是為了取悅觀眾，為了要成就阿嬤的夢想；現在我很清楚我的目標和價值在哪裡，所以不再覺得勉強或彆扭。

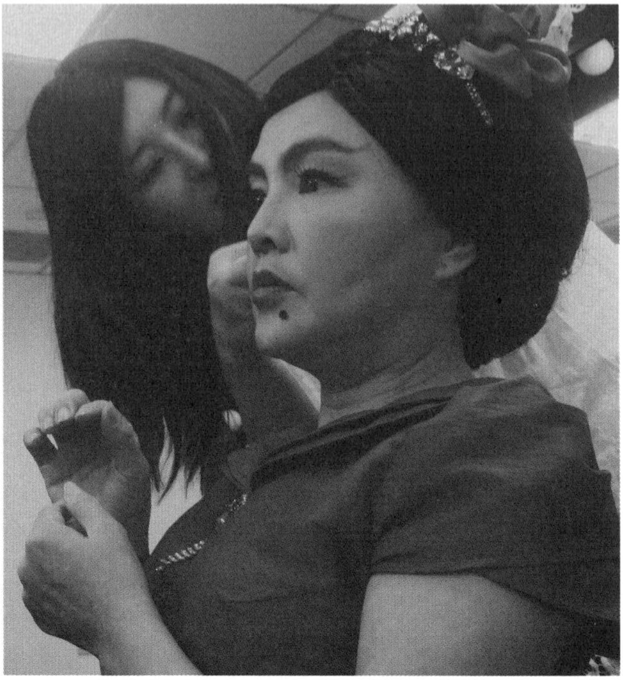

「喳唸伯和長腿姨」一次錄數十集，從上午九點錄到晚上六點，誇張式的演出，常常讓寶如錄到聲音沙啞。

當時我唯一向神求告的一件事就是：我不要演戲。但誰知道，結果還是來了一個「長腿姨」的短劇通告。

「喳唸伯與長腳姨」是好消息電視台《劉三講古》節目當中，固定會出現的一個短劇單元。從短劇名稱就可以猜想得到，內容皆以詼諧的演出方式來呈現。過去我一向演的都是可

Good TV 劉三講古節目中的「喳唸伯和長腿姨」單元錄影現場。寶如飾演詼諧逗趣的長腿姨，機靈的臨場反應，來自於童星階段的訓練。

憐的角色，沒有演過像長腿姨這一類的喜感人物，而且這和做見證不一樣，外型完全破壞形象。但感謝主，我一點都不會覺得彆扭，很多人也因為這樣子的方式接受了福音。

雖然「喳唸伯與長腳姨」都是久久才錄一次影，但一次錄都是數十集，常常得從早上九點錄到晚上六點，中間只有休息放飯一小時。再加上，長腳姨這個角色講話和表情都要很誇張，一整天下來，嗓子也常常錄到沙啞。

透過這個短劇演出也讓我體會到，人生真的是沒有白走的路。不管是演戲技巧還是臨場反應，都和我小時候的訓練有關，現在都一一派上用場了。

偶爾碰到一些婆婆媽媽，她們也會很開心地跟我分享對於短劇內容的看法。還有一些台灣南部的歐巴桑，以及東南亞一帶的朋友告訴我說：「我是因為妳才看那個節目的耶！」大家的肯定，對我來說就是一種激勵。也許在外界的眼中，我是以一個資深藝人的姿態在詮釋這個角色，但實際上，我的內心早已從一個藝人，轉變成一個益人——一個用實際行動讓愛發光的公益人。

如果，每個人這輩子都要為自己的生命下一個註腳，那麼無庸置疑，我的生命註腳就是：「讓愛發光，讓生命亮起來！」

第四幕
讓愛傳出去

創辦台灣優質生命協會之後，寶如時常帶領志工們主動關懷弱勢族群，
把愛散播到社會的每個角落。

我在黑暗中行走，遇到挫折，看似沒有路的時候，我也會很害怕，但卻從來不怯步，因為我知道方向是對的，我深知道，自己正在朝向一道光明前進……

從一個人當志工，到成立協會帶領一群人當志工，比想像中來得困難。

以前我一個人去馬偕醫院、榮總醫院當志工的時候，常會遇到有些人說：「我不用人家關心啊！我又不認識妳，妳來幹什麼？」聽到對方這麼說，我就會把口罩拿下來，表明我是紀寶如之後，比較容易被接受，但有時候要幫對方禱告還是會被拒絕，所以我很習慣被拒絕的感覺。我也可以理解對方的心情，畢竟，那些病人在絕望的環境，人在身體最不舒服的時候，哪受得了還要去理會誰呢？

但也有人的反應是很開心。當他發現有人那麼願意關心自己時，整個人就會被感恩和喜樂充滿，無形中也減輕疾病所帶來的疼痛。願意主動打開心扉的人，自然比較容易得到溫暖的擁抱，被愛和關懷所包圍。

成立協會之後，我不再是一個人，而是必須帶著一群志工們到各個安養院去探訪。

協會目前固定探訪的機構有四十幾家，關懷的獨居和安養院老人，高達兩千多位，智能障

圖為育成庇護工場的小朋友（左、右，中間為寶如），他們也是協會長期關懷的對象。

礙孩子總計三百多位。有的是知道協會之後，自己找上門來，有的則是我們自己去開發的，主要都是以協助私立機構居多，補足他們的資源缺口。

剛開始到安養院探訪的時候，難免會有一、兩位老人見到我們就說：「你要來騙錢嗎？我跟你說，我沒有錢喔……」或者，當你溫柔地撫摸他的手，他卻直接把你的手撥開，還嗆說：「你不要搶我喔！」

被拒絕的情況多少都會發生。我怕志工們受傷，常會向他們機會教育說：「沒關係啦！設身處地想一下，如果你被關在安養院那麼久了，突然有人來關心你，你會不會有防備？那對方如果一次、兩次繼續來看，你會不會感動？」

多虧協會的志工們都很有愛心和耐心，沒多

久，他們就跟安養院的老人家們建立起融洽的關係。這也證明了，唯有愛，才能跨越藩籬，建立長久的信任關係。

志工無私奉獻，令人感動落淚

志工們的用心付出，常常讓我覺得很感動。

協會有一個志工叫謝寶蓮。她因為患有先天氣喘的疾病，身體狀況一直不是很好。一次偶然機會，她在Good TV看到我的專訪，大受感動。她心想：「如果寶如的人生受過這麼多創傷，都能夠走出來關懷一些孤單老人和先天殘疾的孩子，為什麼我不能？」

於是，身為虔誠基督徒的她，從教會走進了協會，參與每個月的例行探訪工作。我們跟老人家握手，她就跟著握手，我們幫老人家按摩，她就跟著按摩，慢慢學習如何當一個志工。

但沒想到一年多之後，她就生病了。見她半個多月都沒出現，我就主動打電話問說：「寶蓮姐妳怎麼了？好久沒看到妳……」她說自己生病，但情況還算穩定，也許過一陣子就好了；但一個多月後還是沒見到她出現，我又撥了一通電話給她，那時候她已經住院，聲音聽起來非常虛弱。

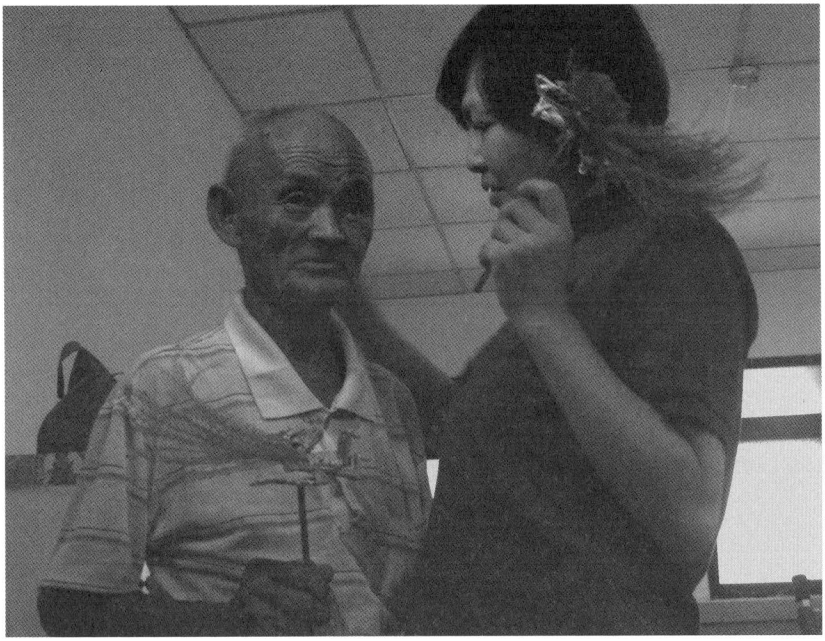

協會的探訪讓老人家好感動，為了表達謝意，偶爾還會自己動手做一些小禮物，送給寶如和其他志工。圖為協會到瑞芳建和安養院探訪的畫面。

電話中她對我說：「寶如，我很謝謝妳這麼關心我，到協會我才真正了解到，一個生命的使命跟價值在哪裡。我以前只有單單看我自己，現在看到外面還有很多人需要幫助。能夠陪妳走這一段路，我很開心，未來妳一定要繼續走下去……」

電話這一頭的我，早已淚流滿面。「姐啊！妳怎麼這麼說，我們還要一起走下去啊！」我哽咽地說。

「我最近身體不好，難免感觸比較多。可是妳不用擔心，這一年來是我這輩子最開心的時光，已經不枉費走人生這一遭了……」

那是我們最後一次對話。三、四天

後，她就因為氣喘發作，走了。過世的前一天，她請妹妹轉交一個奉獻袋給我，裡頭裝著兩萬元的現金和一封信。信中寫著：「沒什麼我能做的了，只有這微薄的兩萬元，希望對協會不無小補，並且希望協會能繼續支持下去，也祝福協會所有人都能過得平安幸福。」這封信，讓我哭到不行。

告別式當天，我還特地率領協會全體工作人員和志工參加，送寶蓮姐最後一程。日後，每當協會的經營碰到困難，我就會想起寶蓮姐臨終前的那一番話，於是，我又有動力繼續往前走。雖然她已經早一步離開了我們，但在我們的心中，她，一直都在。

寶蓮姐，謝謝妳一直激勵著我。

探訪安養院，為老人家圓夢

探訪，也讓我看到很多社會角落不為人知的家庭悲劇。

我曾經在安養院認識一個八十幾歲的阿嬤。她在那裡住了十幾年，兒子按月匯錢支付安養院的費用，卻從沒來探視過阿嬤，甚至連一通電話都沒有。因此阿嬤最大的心願，就是回到台中的家看看兒子和孫子。

有一次，協會帶著安養院六個老人家搭高鐵到台中去玩，實現他們想體驗坐高鐵的願望。為了讓那個八十多歲的阿嬤能見上家人一面，我脫隊帶她坐計程車，憑著印象去找她家，但繞了一個多小時還是找不到。阿嬤急到哭了，後來，我找當地的里長才知道，原來她的兒子已經搬家，向里長要到電話之後，我承諾阿嬤，一定會持續和她的兒子連繫。幾天後，果真連絡上了，我向她兒子說明阿嬤的情況，聽說兩個月後，她的兒子就有北上來探望她，多少圓了阿嬤的一樁心願。

探訪，也讓人學會珍惜生命中很多看似理所當然的小幸福。

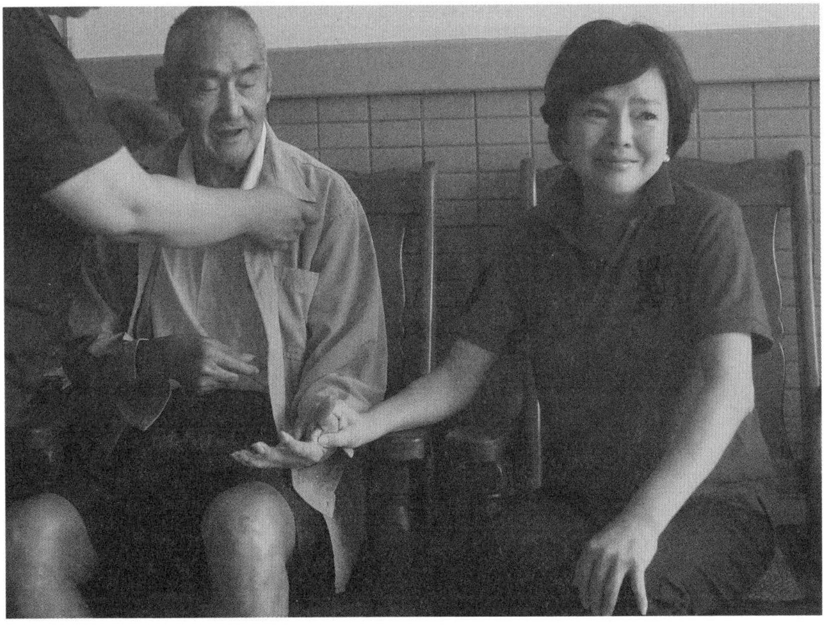

每次到安養院探訪，寶如總是溫柔地牽起老人家的手，聽他們講話，講到難過處，還會一起掉淚。圖為協會到瑞芳建和安養院探訪的畫面。

對一般人來說，曬太陽不就是很自然的一件事嗎？但我們常去的那家安養院，裡頭住的都是中風殘障的老人居多。因人力有限，十幾、二十床的老人只有一個看護在照顧，如何帶他們出去曬陽光？

我會發現這個需要，是因為探訪時，有老人家開口告訴我說：「我已經六年沒曬到日頭了，整個人就像是一條發霉的棉被……」我聽了既心疼又難過，趕緊請志工們一對一，推著老人家到外頭曬曬陽光。當金黃色的陽光灑落一身的時候，只見那個老人家面露沉醉的神情，說：「太陽怎麼這麼溫暖啊？」

為了讓這些老人家曬太陽，真的很不容易，很多的安養院沒有電梯，只能靠著志工們一前一後，奮力地將輪椅抬下樓梯。雖然過程很辛苦，但看到老人家臉上滿足的笑容，就覺得一切都值得了。

帶領藝人體會「施比受更有福」

協會成立以來，陸續有很多資深藝人參與探訪工作，並從中找到自信和快樂。像是四、五〇年代的搞笑歌星林松義，因為秀場沒落，加上做生意一路受挫，曾經憂鬱到鬧自殺。三

資深藝人林松義在安養院唱歌給老人家聽，他主動握住老人的手，更增添了感情的交流，而老人們的笑容，就是最棒的回報。

年多前，林松義快七十歲，我邀請他一起做探訪，當時他怎麼樣都不願意，還說：「我自己都需要人家關心了！怎麼去關心別人？」

在我三番兩次的鼓勵下，終於，林松義答應和協會一起到安養院探訪。改變，也就是從那時候開始。

安養院裡有一個六十多歲的老人家，因為長年中風的關係，個性變得很消極，平時既不願意配合做復健、也不開口講話，就連吃飯也要看護用鼻胃管來灌食。

得知這個老人家的情況，我就轉身對林松義開玩笑說：「松義哥，如果你能把他逗笑的話，我就發獎金給你……」為了

林松義（右）曾經因為工作不順、人生失意，一度憂鬱到鬧自殺，在探訪活動中，他逐漸找回自信和快樂。

活絡現場氣氛，KTV同歡時間，我還刻意點了一首松義哥最愛唱的《風從哪裡來》，請松義哥現場伴舞。

大家在唱歌時，那個六十多歲的老人原本都是頭低低的，沒什麼反應，但看到松義哥在他面前扭腰擺臀，整個人好像醒過來一樣，還用結巴的語氣指著他說：「林林林……松義啦！你怎麼從電視跑出來，我很喜歡看你的表演。」

這一幕，讓所有人都傻住，看護還感動到哭，說：「紀小姐我跟妳說，他三年沒講話了啦！而且都是用灌食的，他又沒在看電視，怎麼會知道林松義……」

這情形也激勵到了林松義，他開始故

作臭屁，對在場其他人說：「有沒有看到，他認識我耶！」

更令人意想不到的是，那個老人原本都是靠著灌食，那天竟然讓林松義直接餵他吃飯；日後，林松義逢人就說：「我在老人院很紅耶！」

唯有生命，可以影響生命。

一開始也有些藝人很不習慣，問說：「為什麼探訪要從早上到下午？為什麼不能等到唱歌那一段節目時，再出現就好了？」面對這樣的詢問，我通常會直接回答說：「我並不是要讓探訪對象看一個電視明星，而是要透過實際的陪伴，把愛傳遞到他們的心裡面，不然就失去探訪的初衷了。」

幾經溝通，一些藝人朋友逐漸接受這樣的方式。事實也證明，不只探訪對象看到這些藝人很開心，過程中，連藝人自己也受到很多的鼓舞和激勵，變得更願意且更懂得去關懷他人。「施比受更有福」，說的就是這個道理。

他不笨，他是我寶貝

常有人認為，「拿錢幫助孤兒，他以後長大還可以回饋社會；但幫助老人家或智能障礙的孩子，他們能回饋社會的卻很有限……」正因為外界普遍有這樣的想法，協會才更應該去幫助這樣的孩子，而且，智能障礙的孩子看似發展遲緩，卻擁有某部分的天才，只是尚未被開發……。

協會探訪很多智能障礙的孩子，以新北市五股區的慈育庇護工場為例，當初會到這裡探訪是因為立委陳節如的關係。她因為自己有一個智能障礙的孩子，就結合其他家長一起成立協會，並開設一個庇護工場，教導這些孩子職場技能。我聽了非常感動，就開始固定探訪。

這些年紀不一的孩子，從一開始不認識我是誰，還要慢慢教他們講「寶貝姨」這三個字，到現在，一看見我就親密地又摟又抱，像見到自己家人一樣。更讓我驚訝的是，其中有個孩子，我只要講出年月日，他馬上就能回答出那天是星期幾，屢試不爽；還有一個孩子，連拿抹布擦桌子都不太會，編織功力卻是一把罩。這幾個孩子只要好好栽培，未來很可能成為某部分的天才。

但回歸現實，別說特別栽培了，這些孩子連和外界互動的機會都不多。有鑑於此，協會的志工們在安全前提下，偶爾也會帶著他們去搭捷運或唱ＫＴＶ。

曾經，有民眾看到我帶這樣的孩子，就刻意離得遠遠的。這讓我想起了幾年前，兒子躁鬱症發作，旁人也曾害怕地說：「妳兒子發瘋了，會不會打人啊？」不管問的人有沒有惡意，但聽在父母耳裡其實很心痛。正因為我了解那種心情，當我帶著智能障礙孩子出門，見到人家閃躲，我就會不客氣地說：「他不會打人啦！正常的人有時候才會打人。」

當時的我，實在忍不下那一口氣，講話確實嗆了點；後來想想，那樣的反應其實並不適當，只會讓人家的偏見更深。

從此，我便決定修正自己的態度。後來，我們又帶孩子出去玩，有民眾看到我是紀寶如，就主動跑過來向我打招呼。當時我正好拉著一個智能障礙的孩子，他因為不想上捷運，就賴在地上耍脾氣。民眾見狀就害怕地問：「唉呦！他現在這樣會不會怎樣啊？」

「放心啦！他不會怎樣。」說完，我就學那個孩子的動作，也跟著坐在地上耍賴，說：

「你不起來的話，寶貝姨也不起來。」

「不好玩……」沒一會兒，孩子覺得無趣，就拍拍屁股站起來了。

如此真實的一幕，對社會大眾來說，其實都是一種機會教育。

而且這樣的孩子個性都很直接、很純真，喜歡就是喜歡，不喜歡就是不喜歡，一點都不矯情，哪怕已經是三十歲了，還是永遠像個小孩子。回歸到我們一、兩歲的時候，綁鞋帶也是綁不好啊！而他們就是一直停留在那個階段，所以需要外界更多的耐心和鼓勵。

如果你的生活中也有機會碰到這樣的孩子，請不要吝嗇給予他們鼓勵，因為這樣的善意和關懷，有時更甚於金錢上的付出。

公益現場

綻放，一萬顆微笑

什麼是優質生命？在我的定義裡面，我覺得一個人不一定要過得很優渥，但基本的生存需要和尊嚴，卻應該被維護。協會要幫助的對象，就是處於社會或貧窮的邊緣人，彌補政府單位的資源缺口……。

協會向來著重在安養院的探訪，藉由實際的相處之後，我們看到很多不同的需要，尤其是在和這些老人家變成家人之後，就會更希望他們的生活能過得有品質一點。

有一次到新北市瑞芳區的建和安養院探訪，志工們和老人家坐在同一桌吃飯，身旁一位老阿嬤引起了我的注意，因為她不管是吃肉還是吃菜，都是放進嘴巴吸汁之後，又吐出來，桌上的菜肉殘渣比吞進去還要多。

席間，我就問那個阿嬤說：「阿嬤，妳有沒有什麼願望？」

「沒有啊！哪有什麼願望？你們來探訪，我們就很高興了，這樣就很好了啊！連親人都沒對我們那麼好，現在至少還有你們這一群親人，」阿嬤又接著說：「不過喔！要是有牙齒的話，不知道該有多好。不然妳看，東西吃一吃都吐在桌上，咬不動，吃了也不知道是什麼味道，但不吃又會死，所以沒辦法還是多少要吃啦！」

阿嬤的回答，讓我很心疼。那一刻，我就在心裡打定，協會的下一個目標就是免費為這些老人家做假牙。但想歸想，經費卻是一大問題。協會第一年，有人幫我們把協會做起來，第二年就要開始自付薪水和租金，加上一場場愛傳承演唱會辦下來，有時候還不夠錢，如何有多餘資金來幫老人家做假牙呢？

但看到安養院裡，十七位老人家慢慢在消逝，每隔一陣子去一次，就發現又少一位。死亡的催逼，讓我深刻體悟到「愛要及時」，我告訴自己要趕快把這件事情完成。

終於，二〇一一年七月，發現有一筆企業捐款進帳，我立即展開幫老人家做假牙的行動。但畢竟我們只懂得執行，所以在這裡要特別謝謝中華民國牙醫師公會全國聯合會的協助，用最快的速度將建和安養院的老人家量好齒模、做好一整副的假牙。

我還記得，當假牙一裝上去，老人家就開始一直笑、一直笑，就是為了展示一整排又白又亮的牙齒。更有趣的是，我們請攝影師幫老人家拍照留念，當照片沖洗出來之後，協會工作人員故意說要借看時，老人家竟像個小孩般，直呼：「不行！這是我的。」內心對牙齒的深切渴望，可見一斑。

范可欽促成「一萬顆微笑」活動

後來我又想，除了幫建和安養院的老人家做假牙之外，協會是不是也能幫助其他有相同需要的人呢？為了得到更多專業的建議和協助，我主動找上了知名廣告人范可欽。

「你們只付出愛嗎？」初次見面，范大哥就這麼問我，並接著解釋：「如果你們只付出愛，奉獻的人看不出來需要什麼花費，怎麼把錢掏給妳？……」

突然間，我恍然大悟。沒錯！愛是看不見的，譬如說我很愛一個人，雖然那個人可以透過我的付出感受到愛，但其他人未必看得到，這就是問題所在。雖然愛沒有標價，也無法用錢買到，但付出愛的過程是需要成本的。例如協會的辦公室租金、人事費用、探訪交通費用，以及三不五時為安養院老人和小孩添購的物資……，這些需求很基本，卻也很容易被忽視，以至於很難引起社會大眾的共鳴，更別說為此捐款了。

范大哥的一番話，點醒了我。我回答他：「我最想幫老人做的是牙齒，尤其是那些沒有盼望的人的牙齒。他已經夠沒有盼望了，再沒有牙齒，就吃不了東西，營養不夠加上心門一關，就加速他的衰老和死亡。」

「很好，寶如，妳講到重點了，那妳想幫多少人做牙齒？」范大哥問。

「越多越好，尤其是一些政府照顧不到的邊緣人。」我說。

「好！那我們就募一萬顆吧！等協會更有能力之後，妳要募兩萬顆、三萬顆，甚至是全台灣人的邊緣人都有牙齒，好不好？」

我開心地說：「好！」

計畫剛談妥沒多久，范大哥又打電話給我，說有一個假牙黏著劑的廠商願意掏錢買廣告秒數，讓我們在電視上播出相關的活動，號召更多社會大眾一起加入「一萬顆微笑」的活動行列。未來，這也將成為台灣優質生命協會的重點工作。

公益現場

愛傳承關懷演唱會

人稱大盜歌王的林沖，他曾經對我說：「寶如，能不能讓我上一次體育館表演，一圓我的夢想……」二〇一〇年七月十一日，新莊小巨蛋的愛傳承演唱會當天，林沖穿上一襲亮片服裝，自信地高唱成名曲《鑽石》。那一刻，我突然明白了，原來愛傳承關懷演唱會所要鼓舞的對象，不只是受邀前來觀賞的安養院老人或智能障礙的孩子，還包含了這些紅極一時的資深藝人……。

生命的傳承在於愛，我希望把愛一直傳承下去，所以才會取名為「愛傳承」關懷演唱會。早期的愛傳承關懷演唱會是從板橋車站、瑞芳車站和公園開始的，當時都是以搭野台戲的方式，卡拉ＯＫ一放，林松義、向娃、徐風這些藝人就在路邊唱歌給大家聽。台下觀眾除了有安養院的老人，路過的人看到有藝人表演，也會停下來聽。

協會辦愛傳承關懷演唱會有兩個目的，一個是召募志工，尤其是協會剛成立時，沒有什

二〇一一年愛傳承關懷演唱會桃園場，寶如和主持人小亮哥在後台討論節目流程，想帶給觀眾們一場最精采溫馨的演唱會。

麼志工，必須走到社區召募；另一個目的是表演給安養院的老人或孩子們看，比起一般人，他們很少有機會看到真正的演唱會。最主要的原因是，若是沒有人特地租車載他們出門，就算直接送他們演唱會的票也沒用。

我們當時的夢想，就是希望能在大型社教館或體育館，辦一場正式的大型演唱會，後來很快就實現了，第一年我們就在新莊小巨蛋舉辦演唱會，那時候協會才成立三個月。新莊小巨蛋可以容納高達七千人，我們除了安排巴士去接八百多個安養院的老人，以及兩百多個智能障礙的孩子來觀賞，還讓五千多個民眾看免費的演唱會；第二年，我更邀請了電影圈的大家長李行導演和朱延平導演，參與顧問行列，擴大舉行，我們開始走出台北，新增了高雄的場次；第三年則是分別在台北、台中、桃園和高雄都各舉辦了一場。

每年的愛傳承關懷演唱會，收到的奉獻金額也越來越多。從第一年只有三萬塊，第二年五萬塊，第三年就增加到了三十二萬多，讓演唱會的資金缺口，剛好完全補足。

每年上台表演的藝人也有年輕化的趨勢。我一直很希望能藉由老中青三代藝人在愛傳承演唱會的演出，彼此更加凝聚。我們藝人不是只有優質的演藝生命，更要有優質的志工生命，一起攜手讓愛傳出去。

讓人生的路走得更有意義

榮譽理事長　徐風

優質生命協會的誕生，是因為早期我們常常一起出去做慈善義演，發現了很多需要幫忙的社會角落，卻使不上力。有一次從台東回來，幾個藝人在聊天，我就說如果可能的話，不妨來創一個協會，為社會貢獻一己之力。

但萬事起頭難，一開始我和寶如也不知道該怎麼做，就按部就班主動去請教有經驗的人，了解如何創辦一個協會。接下來，又召集了一些有相同理念的資深藝人加入，大家選我當理事長，我就義不容辭接下這個職位。

協會開始運作後，最辛苦的是沒什麼錢，只能先向政府單位申請一些公益演唱會的補助款。但公家單位經費有限，還是得去募款，讓社會大眾知道有一群藝人在做這些公益的事情。

另一方面，我們也很用心去照顧每一個探訪對象，像是獨居的老人家，還有一些發展遲

徐風罹癌後，仍持續探訪安養院，沒有停下公益的腳步。

緩的小朋友。雖然我們沒什麼錢，但有滿滿的愛，我們能做的就是把愛付出給他們。令人欣慰的是，做了一陣子之後，終於得到一些企業和社會人士的認可，開始有一些捐款進來，也有志工加入探訪行列。

透過每一次探訪，我們最希望帶給老人家的就是，讓他們感受到家人的愛和陪伴。相處的過程中，我們就像是老人家的孩子，為他們帶來歡笑和快樂，但說是在付出，其實我們也從中得到了許多安慰和鼓勵。

我們也會定期到安養院探訪發展遲緩的小朋友。我曾經碰過一個罹患自閉症的孩子，從頭到尾都不願意開口講話，只顧著把玩手上的一條線，探訪的時候，我也沒有勉強他，只是靜靜

二〇一〇年二月，徐風在育成福利基金會當志工，認真教導身心障礙的孩子們。

地陪在一旁。沒想到幾次下來，有一回他看到我去探訪，竟然會主動來牽我的手，讓我很驚訝。其他小朋友也是一樣，知道我們要去探訪，都會在樓上的窗戶望啊望，非常地期待。無論到哪裡探訪，讓我最感動的就是，人與人之間那一種愛的表現。當你很真誠地去對待這些老人家和小孩時，他們也會很自然地回應你。

讓愛傳出去

從付出當中，看見真正的幸福

藝人志工 向娃

當初會加入優質生命協會，是因為徐風大哥的號召。我和徐風大哥很久以前就認識，年輕時在秀場經常搭檔演出，後來協會成立，理念相同，我就加入了。

「取之於社會，用之於社會。」台灣有很多弱勢家庭需要幫助，像是一些發展遲緩的小朋友被送到教養院和庇護工場，他們的父母要賺錢養家，不可能每天來陪伴他們；獨居老人的子女也因為忙著工作，不可能常常陪伴。雖然我們也無法每天去陪伴他們，但就是盡量抽時間，讓他們的家人也可以喘口氣。

只是一開始，即便是以協會名義去探訪，還是需要時間才能取得信任。以瑞芳建和安養院的阿公阿嬤來說，剛開始接觸的時候，他們對我們很排斥，防範心很強，因為不曉得你要做什麼，為什麼會突然間握著他的手、拍著他的肩？一來，是質疑我們的動機，二來，也擔

向娃至基隆、萬華等地的安養堂與市立醫院陪伴老人，與他們逐漸建立了感情。

心我們是不是詐騙集團。畢竟，他們沒有家人，平常也沒有什麼人會主動關心他們，忽然冒出了一群自稱是家人的藝人和志工們，他們一下子的確會無法理解。

但時間會證明一切。經過這兩、三年的相處，現在阿公阿嬤聽到我們要來，有的是前一天就開心到睡不著覺，有的是一大早就在門口等，還有人自己做手工藝品送我們。

第一次來到建和安養院時，這裡還住著十七位阿公阿嬤，但二〇一一年九月這次來，只剩下九位，已經少了將近一半。畢竟他們的年齡都蠻大了，平均都八、九十歲，最年輕的也有七十，我們看了都很不捨，只能多陪一天算一天，而且常常陪他們唱歌說笑，也比較不容易癡呆。

這三年多來，我已經探訪過一千多位老人家和三百多位小孩，我們的生命已經和他們緊緊扣在一起。像是到了安養院，看到遲緩兒很興奮地叫我，我就很開心，知道他進步了，但如果眼神呈現呆滯，我心裡就會很難過，因為他的狀況又退化了。

為了讓這些孩子體驗不一樣的生活，接受比較多的外界刺激，我們還會帶著他們到戶外去。這其實是很不容易的一件事情，除了要取得院方和家長的高度信任，還要考慮交通和安全上的問題，有的孩子還要用輪椅推，壓力真的很大。有一次，我們還帶他們去ＫＴＶ唱歌，平常反應就比較慢的這些孩子，竟然開始搶著拿麥克風唱歌，非常可愛。

曾經探訪過一個案例，讓我印象非常深刻。有個孩子，就讀小學二、三年級的時候，某天早上，媽媽來不及做早餐，就讓他空著肚子去上課了。第一節剛好碰上體育課，小朋友愛玩，把所有的體力都耗盡，可能是因為血糖太低的關係就昏倒，那天之後，再也沒有醒過來。這件事讓他的媽媽非常愧疚，現在孩子都已經差不多國中的年紀，媽媽還是每天去看他，幫他翻身，和他講講話。雖然孩子已經變成植物人，但媽媽還是沒有放棄他。

人生真的很無常，但如何在無常當中，幫助這些弱勢家庭不要過得那麼辛苦，盡量幫他們分擔一些，就是我們最希望做的事。像有一次，協會要去參訪，我剛好前兩天拔牙，臉腫得很大，本來不一定能參加，但後來還是一大早就出現了，因為我想到說，既然當初有心要做公益，那就要好好做，而且比起那些弱勢家庭所受的苦，拔牙的痛算什麼呢？

看到這些弱勢家庭的處境，真的會讓人發現自己還是蠻幸運的。開始參與探訪之後，我最大的改變就是看淡很多事情，以前很多事情都會去爭、去吵，但現在不會了。很多名啊利啊這些東西，人好好的時候，好像很重要，但是當有一天，你連健康或性命都可能失去的時候，那些東西又有什麼意義呢？尤其是走到這樣的年紀，回頭來看會發現，其實只要過得平安、健康、和樂，家人都在一起，那就是最幸福的事。

讓愛傳出去

用歌聲傳遞愛和溫暖

藝人志工 林沖

收到老人家親手做的珍珠項鍊，資深藝人林沖開心地戴在脖子上。圖為協會到瑞芳建和安養院探訪的畫面。

我在兩年前加入協會，當時是好友林松義提到寶如成立了一個公益團體，我覺得很有意義就決定加入。因為父母親還在世的時候，就常常提醒我說：「你年輕的時候那麼紅，賺了很多錢，有機會應該做善事回饋給社會。」

印象中，第一次探訪是到新莊的一家育幼院，當天我還盛裝打扮穿了一條白色褲子，心情和演出一樣慎重，但因為脊椎受傷，才剛開完刀沒多久，走起路來不太方便，上、下台都需要人家幫忙攙扶。

那也是我第一次看到智能障礙的孩子。因為不了解，一開始還不太敢接近他們，只是覺得很同情。但是當我看到寶如那麼放下身段，和孩子們摟摟抱抱，我開始在內心檢討自己：為什麼我做不到？

最近一年來，我成了探訪的固定班底，漸漸地，我發現自己也改變了。到安養院探視老人家的時候，我不再只是站在台上唱歌，而是會邊唱邊主動靠近他們，甚至是去擁抱他們，讓彼此之間沒有距離感。雖然老人家不太懂得表達，但是從臉上表情可以感覺到他們真的很開心。

相較於以往登台作秀，動輒面對上萬名的群眾；在安養院聽我唱歌的人數頂多十幾、二十

林沖在蘆洲捷安護理之家唱歌給老人們聽，他覺得心情就像是唱給家人聽一般，非常開心。

位，但我還是唱得很開心，那種心情就像是唱給家人聽，心裡特別踏實。但讓我最感動的還是寶如。華視曾經請我去主演一齣連續劇，當時年僅十幾歲的寶如飾演我的女兒，我對她的印象就一直停留在那個階段。後來，輾轉聽到她發生了很多事情，卻還是堅強的走到如今，一位女孩子能夠有這樣的韌性和魄力，真的很讓人佩服。

讓愛傳出去

越是軟弱，越要出來關懷別人

優質志工　林秀霞

二〇〇九年八月，多發性肝臟腫瘤帶走了我的兒子，當時他才四十多歲。從發現到過世，只有短短三個月，讓我們非常無法接受。九月中旬辦完追思會，我就一個人拎著行李到上海躲了快三個月。

隔年年初回台灣，剛好碰到寶如來教會作見證，分享協會在做的一些事工，我聽了很感動，結束之後，就主動上前跟她說：「如果有機會，請讓我一起學習。」

寶如還是童星的時候，我就看過她演戲，是一個

很可愛、討人喜歡的孩子。看到本人之後，發現她還是一樣嬌小玲瓏，但卻非常勇敢，像是一個小巨人。

三十九歲那年，我的丈夫就過世，前年又遭逢喪子之痛。以前的我常會覺得，上帝為何對我那麼不公平？但透過寶如的見證，看到她把軟弱轉為剛強，小愛化成大愛，我才發現自己要跟她學習的地方好多。

讓我更佩服的是，每當我看她用溫柔的眼神凝視著阿公阿嬤，雙手還緊緊握住他們的手時，常常讓我覺得很感動。那時候我才發現，原來心目中的偶像不是那麼高不可攀，而且這些關懷的舉動，有時候連阿公阿嬤自己的子女都做不到。

除了探訪，我們還帶老人家出門去逛花博，推著輪椅走好遠的路。回到家之後，我的腳拇趾指甲都壞了，雖然很痛，但看到老人家這麼開心，還能在燦爛的陽光下欣賞美麗的花朵，就覺得一切都值得了；還有一次，我們帶老人家去餐廳喝春酒，也讓他們非常開心。這些事情在一般人眼中看來，可能會覺得很稀鬆平常，但對這些孤苦無依的老人家來說，卻是很大的溫暖。

前前後後跟著協會探訪十多次，付出的過程當中，其實我也安慰到了自己。越是軟弱，就越要出來關懷別人；當我發現，過去的苦難可以成為別人的幫助時，對我來說也是一種激勵。從前的我，只會看到自己失去的部分；現在的我，已經懂得珍惜眼前擁有的一切。

讓愛傳出去

這樣的收穫，無價

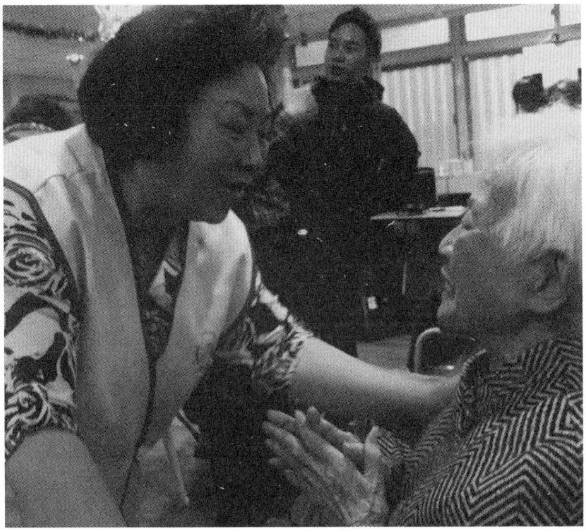

優質志工　蔡淑琴

我今年五十八歲，先前從事服務業，退休後就一直在社區、派出所或是學校當志工。後來會到優質生命協會當志工，是因為有一次去參加愛傳承公益演唱會，得知協會在徵志工，我就主動報名參加了。

協會的探訪頻率是一個月四次，除非生病，否則每次我一定會出席，事先還會打電話動員親朋好友一起來當志工。優質生命協會的志工都很同心，只要哪裡有缺人，大家都會盡量撥出時間。

我們到老人院、養護中心、育幼院探訪時，看到

那些老人和孩子真的會很心疼。身為志工，我們能做的很有限，就趁著探訪的幾個小時帶給他們快樂，他們也不是要什麼，只是想要有個伴。每當看到他們綻放著歡樂的笑容，我們也會很窩心、很有成就感，覺得今天一整天都值得了，所以每次接到探訪通知單都很期待。

更讓我開心的是，付出的過程中，很多志工的生命也一點一滴被改變。這樣的收穫，無價。

讓愛傳出去

年輕志工們，一起站出來吧！

優質志工　張懷文

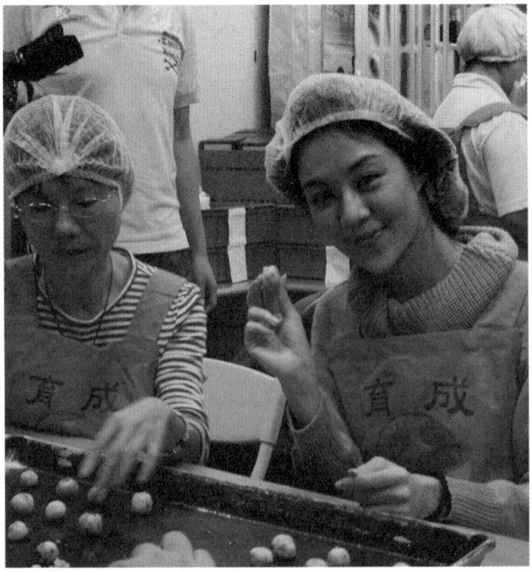

優質生命協會志工張懷文（右），經常跟協會來到新莊五股的慈育庇護工場作探訪，成了學員們口中的大姐姐。

我跟著優質生命協會到過很多機構探訪，最喜歡的還是庇護工場。以新北市五股區的慈育庇護工場來說，因為探訪的關係，我已經和這裡的學員變成朋友了，有時候我還會特地從三峽開車過來買麵包，只是為了看看他們。他們也把我當成大姐姐或家人，有什麼心事或困難都會告訴我，我就會設身處地為他們著想，陪他們一起解決困難。

我以前是個護士，後來把工作辭掉，專心念研究所。一直以來我都有在當志工，因為我喜歡透過關懷他人，讓人生過得更有意義，付出的過程中，也會讓自己有一種安定的感覺，知道人生是在往對的方向走。

很多人都會覺得當志工是退休之後的事，但我要以自身的例子鼓勵更多年輕人加入志工的行列。一來，年輕人比較有活力，可以做的事更多；二來，當志工也有助於我們找到自己人生的方向。所以，年輕志工們，一起站出來吧！

讓愛傳出去

找回那個單純的自己

優質志工　梁宇婷

優質生命協會志工梁宇婷（右），第一次來到新莊五股的慈育庇護工場，就馬上和學員們打成一片，重拾童心。

我和懷文是同學，因為她的介紹，我才開始到優質生命協會當志工。我第一次探訪是跟著協會，以及協會的姊妹會「有愛基金會」一起出去。印象很深刻的是，當時我的身旁坐了一個十八歲的孩子，看起來和一般同年齡的孩子沒什麼兩樣，但聽他講才知道，他的爸爸媽媽已經離婚，所以他要肩負起照顧弟弟妹妹和阿公阿嬤的責任……。聽到這樣的故事，總是會讓人覺得很心疼，也會讓人很想要去愛這些孩子，給予他們幫助和鼓勵。

另外，庇護工場的這些學員們，雖然因為智能障礙的關係，反應沒有一般人來得快，但那一顆單純的心，卻很讓人動容。像是唱歌的時候，一般人可能會扭扭捏捏不敢上台，但他們卻是爭相上台，希望可以唱歌給大家聽。若是他喜歡你這個人，就會直接告訴你說「我很謝謝你！」或是「我很愛你！」之類的話，比起現代人之間的勾心鬥角，這種單純真誠的互動真的很不容易。透過和他們的相處，讓我找回了那個單純的自己。

採訪後記

在愛裡，真實相遇

魏棻卿

初識寶如姐，是在二〇〇七年五月，時任電視台專題記者的我，主動對她提出採訪邀約；儘管相識多年，和她在愛裡真實相遇，卻是在二〇一一年九月開始著手撰寫這本書的時候。

近十年的記者生涯，一路從平面媒體轉戰電子媒體，採訪過的對象數以千計，私底下的我，卻甚少會主動（或刻意）和受訪對象聯繫。我喜歡自然而然建立起的人際關係，因為，那樣比較真實。

但誰料想得到，我和寶如姐——兩個不管是年齡或背景都八竿子打不著的人，後來竟然會變成朋友，還在主裡成為一家人。沒錯！是她，將我這隻迷失的小羊帶回教會；也是她，讓我不得不相信世上真的有一位神。這也就是為什麼，對於寶如姐，我總有著一份難以言喻的情感。

更奇妙的是，寶如姐的專題報導播出後，原本製作人還顧慮談及信仰的比例太高，但一看到收視率的數字，便不再多言，因為那則報導的收視率之高，勇奪了該節目當年度的第一。

二〇一一年八月，當合一教會朱奔野牧師主動詢問：「要不要幫寶如姐寫書？」我答應了，因為我深知道，這個計畫早在神的預備之中。

但，難題也來了！當時面臨的最大顧慮是：經由媒體報導，已有不少人聽過寶如姐的生命故事，若要出成一本書，如何找到新的訴求點或加入新元素？

沒多久，答案就浮現了。「那就藉由這本書，號召大家跟著寶如姐一起關懷社會弱勢吧！」內心有個聲音這麼告訴我。巧的是，寶如姐也希望藉由本書的出版，讓大家更認識台灣優質生命協會。最後我們決定以大約四分之一的版面，記錄協會成立以來的一些感人故事，以及未來的事工重點。當然，還有來自協會志工和資深藝人的精采分享。

這是本值得一看或是買來送人的好書。以我自己來說，即便對寶如姐的故事多已瞭若指掌，採訪過程中，還是經常忍不住跟著掉淚。印象最深刻的，是寶如姐在前言中所提：「……雖然經常感覺自己是在黑暗中行走，卻也清楚知道是朝向光明中前進，內心就無所畏懼。」因著信靠神，寶如姐所展現的勇氣和信心，總是大大激勵著我，不禁自許要像她一樣：堅定邁向神的應許之地。

還記得，有次我邊擦眼淚邊對寶如姐說：「我們兩個哭點都很低耶！」一樣笑中帶淚的寶如姐回答我：「菜卿，那是因為妳的心也變柔軟了……」

寶如姐說對了一半。二〇一一年，從記者轉型為心靈勵志作家，同時投入心理諮商領域的學習（現正就讀教育心理與諮商研究所），比起過往，我的心確實柔軟許多；但掉淚的另一個原因是，當我越是深入聆聽寶如姐的生命，就越能清楚看見神的恩典是何等長闊高深……，正是這一點，令我感動莫名。

誰都一樣，人生的路途中，難免有過不去的時候。但如果像寶如姐這樣曾經因為絕望而幾度尋死的人，都可以歷經重生，甚至成為他人的幫助，相信你一定也做得到。因為神的救贖不會只獨厚寶如姐，也同樣會降臨在每個人身上，只要，你願意！

社團法人台灣優質生命協會簡介

ULIFE 台灣優質生命協會
Taiwan U-Life Association

大手拉小手，藝人行善一起走

- 台灣優質生命協會是由一群關懷生命的資深藝人發起的協會，以推廣、提倡、宣揚生命之優良價值為宗旨。以舉辦各類公益活動具體地落實優質生命關懷的理念，關懷服務各生命階程中之弱勢族群，如鰥寡孤獨及生活無所依之人士，發揮「老吾老以及人之老、幼吾幼以及人之幼」之大愛精神。

- 台灣優質生命協會目前由徐風先生擔任榮譽理事長、洪榮宏先生擔任理事長、紀寶如小姐擔任秘書長，號召藝人澎洽洽、許效舜、康康、劉畊宏、巴戈、王彩樺、張瓊姿、李明依、林松義、紀麗如、向娃、李麗華、小亮哥等人擔任理事，募集志工邁向社區持續關懷服務，定期舉辦社區睦鄰及探訪關懷活動，以實質行動第一線關懷老幼傷殘及弱勢族群。

- 協會眾星雲集、穿起制服不分你我，相同的一雙認真的眼、熱誠的心，都為了實踐一個愛的所在。

社團法人台灣優質生命協會
立案字號：台內社字第0970110204號
網址：http://www.u-life.org.tw/
電話：(02)2541-8098 傳真：(02)2541-2098
地址：104 臺北市中山區民權東路二段42號2樓

社團法人台灣優質生命協會
回應單

因為付出，讓生命更為優質！

讓愛發光，讓生命亮起來！

姓名：

聯絡電話：

連絡手機：

聯絡地址：

☐我願意加入台灣優質生命志工行列，請與我聯繫！

☐我願意收到協會每個月活動訊息及會訊！

☐我願意捐獻1000元成為年度台灣優質生命協會會員！

☐我願意捐獻______金額，支持台灣優質生命協會幫助更多弱勢單位（如：老幼傷殘、更生人……等）

ULiFE 台灣優質生命協會
Taiwan U-Life Association

台北市民權東路二段42號2樓 TEL/(02)25418098 FAX/(02)25412098

社團法人台灣優質生命協會 捐款單

請填妥下列表格及附上捐款明細單

傳真至(02)2541-2098

基本資料	姓　　名：
	性　　別：□男　□女
	電　　話：
	手　　機：
	通訊地址：
	電子信箱：

捐款方式

□ 信用卡	□VISA □Master □JCB □聯合信用卡 發卡銀行： 持卡人簽名：　　　(同信用卡簽章) 卡　　號： □□□□-□□□□-□□□□-□□□□ 有效期限：　月　年
□ 郵局劃撥	戶　　名：台灣優質生命協會 帳　　號：50080215
□ 銀行轉帳	行　　名：華泰商業銀行 中山分行 戶　　名：台灣優質生命協會 帳　　號：05-03-00007632-5
收據地址	□同通訊地址 □其他地址

廣	告	回	函
北區郵政管理登記證			
北臺字第000791號			
郵資已付，免貼郵票			

104　台北市民生東路二段141號2樓

英屬蓋曼群島商家庭傳媒股份有限公司城邦分公司　收

請沿虛線對摺，謝謝！

書號：1MD008G　　　　書名：愛，逆轉勝

請於此處用膠水黏貼

啟示 Apocalypse Press 出版

讀者回函卡

謝謝您購買我們出版的書籍！請費心填寫此回函卡，我們將不定期寄上城邦集團最新的出版訊息。

姓名：________________

性別：□男　□女

生日：西元________年________月________日

地址：________________

聯絡電話：________________　傳真：________________

E-mail：________________

職業：□1.學生 □2.軍公教 □3.服務 □4.金融 □5.製造 □6.資訊
□7.傳播 □8.自由業 □9.農漁牧 □10.家管 □11.退休
□12.其他________________

您從何種方式得知本書消息?

□1.書店□2.網路□3.報紙□4.雜誌□5.廣播 □6.電視 □7.親友推薦
□8.其他________________

您通常以何種方式購書?

□1.書店□2.網路□3.傳真訂購□4.郵局劃撥 □5.其他________

您喜歡閱讀哪些類別的書籍?

□1.財經商業□2.宗教、勵志□3.歷史□4.法律□5.文學□6.自然科學
□7.心靈成長□8.人物傳記□9.生活、勵志□10.其他________

對我們的建議：

____

____

____

____

請於此處用膠水黏貼

國家圖書館出版品預行編目資料

愛，逆轉勝 / 紀寶如口述；魏棻卿撰述. -- 初版. -- 臺北市：啟示出版：家庭傳媒城邦分公司發行, 2012.03
面； 公分. -- (智慧書系列；8)

ISBN 978-986-7470-65-2（平裝）

1.紀寶如 2.臺灣傳記

783.3886 101002973

智慧書系列008

愛，逆轉勝

作　　者／紀寶如口述、魏棻卿撰述
出版企畫／台灣優質生命協會、合一基督教會
企畫選書人／彭之琬
總 編 輯／彭之琬
責任編輯／李詠璇

版　　權／葉立芳
行銷業務／何學文、林彥伶
總 經 理／彭之琬
發 行 人／何飛鵬
法律顧問／台英國際商務法律事務所羅明通律師
出　　版／啟示出版
台北市104民生東路二段141號9樓
電話：(02) 25007008　傳真：(02)25007759
E-mail:bwp.service@cite.com.tw
發　　行／英屬蓋曼群島商家庭傳媒股份有限公司 城邦分公司
台北市中山區民生東路二段141號2樓
書虫客服服務專線：02-25007718；25007719
服務時間：週一至週五上午09:30-12:00；下午13:30-17:00
24小時傳真專線：02-25001990；25001991
劃撥帳號：19863813；戶名：書虫股份有限公司
戶名：英屬蓋曼群島商家庭傳媒股份有限公司城邦分公司
訂購服務／書虫股份有限公司客服專線：（02）2500-7718；2500-7719
服務時間：週一至週五上午09:30-12:00；下午13:30-17:00
24時傳真專線：（02）2500-1990；2500-1991
劃撥帳號：19863813 戶名：書虫股份有限公司
讀者服務信箱：service@readingclub.com.tw
城邦讀書花園：www.cite.com.tw
香港發行所／城邦（香港）出版集團有限公司
香港灣仔駱克道193號東超商業中心1樓_ E-mail:hkcite@biznetvigator.com
電話：(852) 25086231　傳真：(852) 25789337
馬新發行所／城邦（馬新）出版集團【Cite (M) Sdn. Bhd.】
41, Jalan Radin Anum, Bandar Baru Sri Petaling,
57000 Kuala Lumpur, Malaysia.
電話：(603) 90578822　傳真：(603) 90576622　E-mail:cite@cite.com.my

封面設計／沈佳德
版型設計／沈佳德
排　　版／極翔企業有限公司
印　　刷／城邦印書館股份有限公司
總 經 銷／高見文化行銷股份有限公司
地址：新北市樹林區佳園路二段70-1號
電話：(02)2668-9005　傳真：(02)2668-9790　客服專線：0800-055-365

■2012年3月20日初版
■2017年12月22日初版21刷
定價250元

Printed in Taiwan

城邦讀書花園
www.cite.com.tw

 ISBN 978-986-7470-65-2